Connaissances nécessaires à un Bibliophile.

ÉTABLISSEMENT
D'UNE
BIBLIOTHÈQUE

CONSERVATION ET ENTRETIEN DES LIVRES
DE LEUR FORMAT ET DE LEUR RELIURE
MOYENS DE LES PRÉSERVER DES INSECTES

DES ABRÉVIATIONS
USITÉES DANS LES CATALOGUES
pour indiquer les conditions
DE LA COLLATION DES LIVRES
suivi d'un
ESSAI SUR LES MOYENS A EMPLOYER POUR DÉTACHER
LAVER ET ENCOLLER LES LIVRES
et sur la
RÉPARATION DE PIQURES DE VERS, DE DÉCHIRURES
ET DES CASSURES DANS LE PAPIER.

PARIS
LIBRAIRIE ANCIENNE ET MODERNE
ÉDOUARD ROUVEYRE
1, RUE DES SAINTS-PÈRES, 1.
1877

EXTRAIT DU CATALOGUE

des

LIVRES DE FOND ET EN NOMBRE

de la librairie

EDOUARD ROUVEYRE

Essai *satirique* sur les vignettes, fleurons, culs-de-lampe et autres ornements des livres, trad. lib. de l'all. *Paris, Ed. Rouveyre*, 1873. pet in-8, imp. sur pap. vergé de Holl, Titre r. et n., couv parchemin. (Épuisé). 8 fr

Publié à 6 fr. il reste deux exemplaires.

Geofroy Tory, premier imprimeur royal, réformateur de l'orthographe et de l'imprimerie, sous François premier, par Aug. Bernard. *Deuxième édition*, entièrement refondue. *Paris*, 1865, in-8' de VIII et 412 pag. 12 fr.

Cette nouvelle édition contient le double du texte de la première. Elle est ornée de nombreuses gravures en bois.

Annales de l'Imprimerie des Estienne ou Histoire de la famille des Estienne et de ses éditions par Renouard deuxième édition. *Paris*, 1845 in-8, br. 12 fr.

Marques et devises mises à leurs livres par un grand nombre d'amateurs par De Reiffenberg. *Paris, Ed. Rouveyre*, 1874, in-18, pap. vergé. (Epuisé).

Essai bibliographique sur M. T. Cicéron, par Deschamps. Avec une préface de J. Janin. *Paris*, 1863, in-8, br. 6 fr.

Annales plantiniennes, depuis la fondation de l'imprimerie plantinienne à Anvers, jusqu'à la mort de Ch. Plantin (1555-1589), par C. Reulens et A. de Backer. *Paris*, 1866, gr. in-8 de XXIV et 324 pages. Avec portrait. 10 fr.

Bibliographie remarquable.

Les couvertures et les feuilles de garde des vieux livres et des manuscrits, par J de Saint-Genois. *Paris, Ed. Rouveyre*, 1875, in-18, pap. vergé. Epuisé.

Histoire de l'Invention de l'Imprimerie, par les monuments. *Paris, de l'imp. de la R. de V.*, 1840, gr. in-4, fig. en bois et fac-simile. 8 fr.

Imprimeurs imaginaires et libraires supposés. Etude bibliographique, suivie de Recherches sur quelques ouvrages imprimés avec des indications fictives de lieux ou avec des dates singulières, par Gustave Brunet. *Paris*, 1866, in-8. 10 fr.

Arras. — Typ. H. Schoutheer

BIBLIOTHÈQUE
DE
L'AMATEUR DE LIVRES

Connaissances nécessaires à un Bibliophile

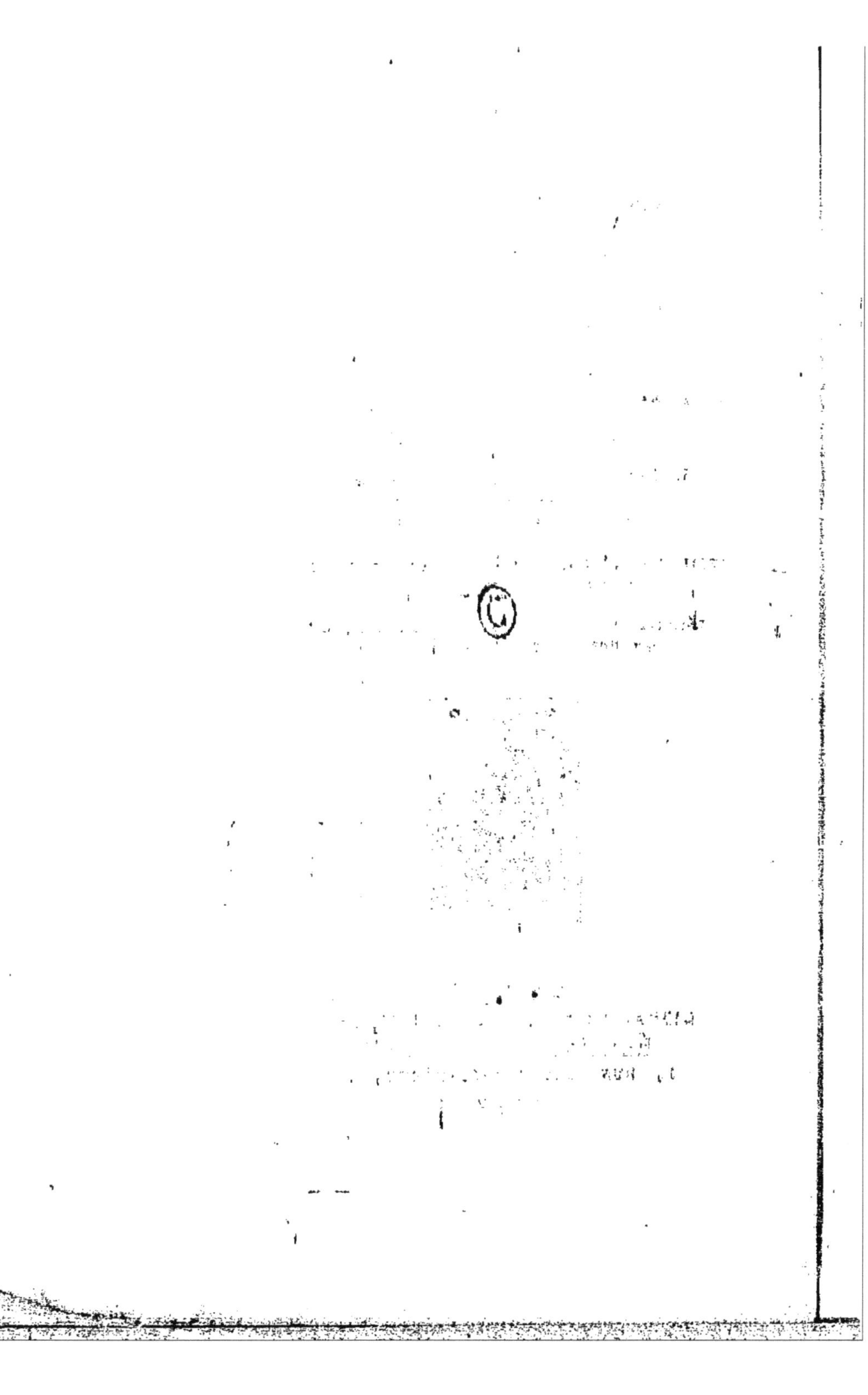

Connaissances nécessaires à un Bibliophile.

ÉTABLISSEMENT
D'UNE
BIBLIOTHÈQUE

CONSERVATION ET ENTRETIEN DES LIVRES
DE LEUR FORMAT ET DE LEUR RELIURE
MOYENS DE LES PRÉSERVER DES INSECTES

DES ABRÉVIATIONS
USITÉES DANS LES CATALOGUES
pour indiquer les conditions
DE LA COLLATION DES LIVRES
suivi d'un
ESSAI SUR LES MOYENS A EMPLOYER POUR DÉTACHER
LAVER ET ENCOLLER LES LIVRES
et sur la
RÉPARATION DE PIQURES DE VERS, DE DÉCHIRURES
ET DES CASSURES DANS LE PAPIER.

PARIS
LIBRAIRIE ANCIENNE ET MODERNE
ÉDOUARD ROUVEYRE
1, RUE DES SAINTS-PÈRES, 1.
1877

Un auteur à genoux dans une humble préface,
Au lecteur qu'il ennuie a beau demander grâce.

BOILEAU, Sat. IX.

A première vue, les détails relatifs à l'établissement d'une bibliothèque, à la conservation et à l'entretien des livres paraîtront peut-être trop techniques pour intéresser un grand nombre de lecteurs. Aussi, est-ce dans cette prévision que nous avons fait l'analyse des chapitres de cet ouvrage et que nous l'avons placée à la suite de cette *préface*. En y jetant un coup d'œil, le lecteur pourra se convaincre que nous n'avons rien négligé pour l'intéresser à ce livre.

Nous sommes de l'avis de Nodier qui ne pensait pas qu'il soit permis de négliger tout à fait des détails, souvent arides à la vérité, mais que l'histoire bibliographique et la philologie réclament aujourd'hui avec empressement.

Dans cette collection que nous avons intitulée : *Bibliothèque de l'Amateur de livres*, paraîtront successivement divers autres ouvrages en préparation; qui, par leur exécution matérielle et par leur intérêt bibliographique et philologique intéresseront l'amateur et le bibliophile.

Aujourd'hui, nous ne nous sommes pas caché que l'entreprise de parler d'une chose que nous aimons, n'était pas à la hauteur du sujet traité; mais, nous avons compté sur la bienveillance des critiques et sur l'intérêt que les bibliophiles attachent à tout ce qui leur parle du livre.

En effet, quoi de plus intéressant qu'un livre, si ce n'est l'étude, l'habillement et la conservation de ce livre !

Nous ne sommes plus, Dieu merci, au temps où J. Fleischer s'écriait :

« J'aimerais mieux manger du bronze que de faire de la bibliographie en France. »

ANALYSE DES CHAPITRES

ANALYSE DES CHAPITRES

I. ETABLISSEMENT D'UNE BIBLIOTHÈQUE D'AMATEUR. CONSERVATION ET ENTRETIEN DES LIVRES.

Signification du mot bibliothèque. — Son emploi. = Bibliothèque de l'amateur. — Son exposition et son emplacement. = Opinion de Nodier, Caillot et Peignot. = Local choisi, sans humidité, ni poussière. = Préservation de la bibliothèque. — Soins à lui donner. = Conservation des livres et des reliures. = Conservation intérieur d'un livre. = Bois à employer pour la construction d'une bibliothèque. = Tablettes de bibliothèque. = Désordre évité dans le placement des livres. = Détail d'un meuble destiné à recevoir des livres précieux. = Description d'une bibliothèque de luxe et non d'un meuble hétéroclite dont on ne peut deviner l'usage.

II. FORMAT DES LIVRES.

Ignorance des formats, source d'erreurs bibliographiques graves. = Format, — D'où tire son nom. = Imprimeur emploie papier plus grand ou plus petit ou imprime par demi-feuille. = Petit formats offrent des doutes. — Moyens de les connaître. — Pontuseaux, vergeures, marque d'eau, réclame, signature. — *Quid* ? = Pliage de la feuille dans chaque format. Combien de pages. = Table des dénominations de formats. = Connaissance certaine des formats à la simple inspection du livre.

III. RELIURE DES LIVRES.

Reliure vélin de Hollande. = Reliure à la grecque. — Reliure dos brisé. = Demi-reliure. = Cartonnage Bradel. = Choix d'un relieur chose importante. = Magnifique reliure recommandation d'un livre médiocre. = Reliure d'amateur. — Sa description. = Conditions d'une bonne reliure. = Temps nécessaire au relieur. = Livres nouveaux achetés brochés, pourquoi ? — Recommandations à faire au relieur. — Régularité de la pliure. = Livre trop battu. = Couture, point capital de la reliure. = Précaution prise par quelques amateurs. = Intégrité des marges, précieuse. = Notes marginales, à conserver. = Couverture des livres. — Choix des couleurs. = Titre inscrit sur le dos du volume, rédigé d'avance. = Reliure *parlante*. = Opinion sur la reliure et sur la demi-reliure. = Livres imprimés sur vélin. — Soins qu'ils exigent. =

Reliure de livres anciens à conserver, pourquoi? = Titre de noblesse du livre. = Physionomie des livres anciens. — En quoi elle consiste.

IV. MOYENS DE PRÉSERVER LES LIVRES DES INSECTES.

Ennemis de la bibliothèque. — Insectes. — Humidité. — Rats. . . . . . et emprunteurs. — Opinion de J. Janin sur ces derniers. = Pline, son moyen pour éloigner les souris. — Insectes, fléau des bibliothèques. — Lesquels ? = Observations et opinions de Ch. Mentzelius, Prediger, d'Alembert, Fabbroni, Boulard, Peignot, Lesné, Nodier, etc. = Magnifique bibliothèque ravagée par le dermestes. — Exemple. = Quels moyens employés pour les détruire. — Nodier, son curieux et intéressant préservatif contre les insectes. = Reliures, berceaux des vers. — Lesquelles. = Reliures éloignant les vers. — Lesquelles. = Expérience de quatre siècles. = Goût fatal des mites pour les livres. — La cause. — Moyens d'y remédier. = Odeurs mortelles pour les insectes. — Lesquelles. = Duchêne aîné son moyen proposé à la bibliothèque du Roi. = Conservation de livres dans des meubles très altérés. — Insectes, fléau du Levant. = Manuscrits tombant en poussière. = Conseil aux bibliophiles.

V. Abréviations usitées dans les catalogues pour indiquer les conditions.

Utilité de chapitre. = Langue particulière de la bibliographie = Abréviations. — A quoi servent. = Moyen de les connaître. = Table des abréviations bibliographiques. = Quelque exemples.

VI. Collation des livres.

Avis aux amateurs. = Ouvrage complet — Quand ? = Collation avant la reliure comme après. — Chose nécessaire. — Pourquoi. = Livres du XVe siècle, difficiles à collationner. — Comment. = Collationnement des livres des XVIe, XVIIe, XVIIIe, XIXe siècles. — Chiffres de pagination, réclames, registres. — *Quid* ? = Manière expéditive de collationner. — Ouvrages à figures. — Nombre et qualité. — En quoi consiste. = Figures tirées en couleur. — Attention à y apporter. = Ouvrages composés de plusieurs pièces. = Livres à carton. = Ouvrages terminés. — Suite publiée après. — Exemple.

VII. ESSAI SUR LES MOYENS DE DÉTACHER, DE LAVER ET ENCOLLER LES LIVRES ; ET, SUR LA RÉPARATION DES PIQURES DE VERS, DES DÉCHIRURES ET DES CASSURES DANS LE PAPIER.

Taches grasses, Taches de suif, de stéarine, de graisse, taches produites par l'attouchement des doigts, l'huile, l'encre d'impression. *Taches maigres*. Taches de rouille, de boue, de cire à cacheter, d'encre usuelle, d'humidité, de poussière. =*Lavage et encollage des livres*. Encollage à chaud et à froid, sa préparation et son emploi. = *Réparation des piqûres de vers, des déchirures et des cassures dans le papier*. = Piqûres de vers disparues. = Deux procédés employés. — Lesquels. = Déchirures réparées =Quelle colle à employer. = Cassure (enlèvement du morceau de papier) réparée avec attention et adresse ; impossibilité d'en reconnaître la place. — Procédé simple et pratique. — Quel papier et quelle colle à employer pour cette réparation.

ETABLISSEMENT

D'UNE

BIBLIOTHÈQUE D'AMATEUR

CONSERVATION & ENTRETIEN DES LIVRES

Le mot Bibliothèque, formé de *biblion*, livre, et de *thêkê*, armoire, boîte, peut être pris dans plusieurs sens. Il signifie, soit une collection de livres rangés dans un ordre quelconque sur des tablettes ou rayons, à découvert ou enfermés dans des armoires à vitraux ou à grillages, soit un édifice construit pour recevoir une grande collection de livres, soit un recueil, un assemblage de livres, une compilation d'ouvrages traitant d'une même matière ou formant un ensemble. Mais, selon le sens littéral du mot, Bibliothèque, signifie un lieu destiné pour y mettre des livres, une salle plus ou moins vaste, avec des tablettes ou avec des armoires où les livres sont rangés sous différentes classes Nous n'entendons nous occuper ici que du meuble à tablettes, dans lequel sont rangés les livres d'une collection *, désigné aussi sous le nom de bibliothèque.

C'est enfin la *bibliothèque d'amateur* que nous désignerons lorsque nous emploierons le mot Bibliothèque.

Nous n'entreprendrons pas l'histoire des bibliothèques particulières **, cela sortirait du cadre que nous nous sommes tracé, et ce serait une tâche au-dessus de nos connaissances. Nous laisserons cet honneur à nos maîtres en bibliographie et en bibliologie. Cette histoire des bibliothèques particulières devant intéresser nos lecteurs, nous nous faisons un devoir de leur signaler l'intéressant ouvrage de M. G. Brunet***, et dans lequel ils trouveront ample satisfaction.

* Les livres placés sans ordre, les uns après les autres, forment une collection et non pas une bibliothèque.

** Les bibliothèques particulières sont circonscrites par la fortune, le goût et les études de prédilection de ceux qui les forment.

*** Dictionnaire de bibliologie catholique, présentant un exposé des principaux objets de la science des livres, et surtout de ceux qui ont rapport à la science théologique.

Dans cet excellent « Dictionnaire de bibliologie » M. G. Brunet donne des détails étendus sur les bibliothèques publiques et sur les plus importantes collections particulières, non seulement de la France, mais encore sur les bibliothèques étrangères.

Une chose essentielle à considérer dans l'établissement d'une bibliothèque, ont dit Peignot, Caillot et Nodier, c'est son exposition et son emplacement; il est urgent de la mettre dans une salle qui se trouve du côté du soleil levant*, l'aspect du midi favorisant la naissance et le développement des insectes, l'aspect du couchant rendant la bibliothèque humide et exposant les livres à la moisissure. L'humidité en attaquant peu à peu les feuillets finit par gâter le livre entièrement. Ce sont là de graves inconvénients qu'il faut éviter à tout prix.

Le local dans lequel on veut placer une bibliothèque doit jouir d'un beau jour, être exempt de toute humidité et tenu très-proprement. Il faut éviter que la bibliothèque soit exposée aux ardeurs du soleil et que le local dans lequel elle est placée soit voisin d'un réservoir. Un premier ou même un étage plus élevé est préférable à un rez-de-chaussée **.

On préserve une bibliothèque de l'humidité, toujours à craindre en un certain temps de l'année, en en garnissant le fond d'un bon parquet

* Vitruvius, chap. III, art. 2.

** Sur un exemplaire de l' « Amour des livres » (Vente Benzon, n° 398) se trouve le quatrain ci-dessous, autographe de Jules Janin:

« Pour peu qu'il soit tenu loin du chaud et du frais,
Qu'on y porte une main blanche et respectueuse,
Que le lecteur soit calme et la lectrice heureuse....
Un livre est un ami qui ne change jamais. »

de lambris parfaitement joints; ensuite, en ayant soin de la tenir à une distance plus ou moins grande du mur, selon que ce mur est plus ou moins sec; et, si l'on veut éviter toute crainte à cet égard, en faisant donner au mur deux ou trois couches à l'huile bouillante, ce qui l'empêche de suer.

Il faut donner de l'air à la pièce aussi souvent que le temps est beau, et alors ouvrir les battants de la bibliothèque pour que l'air puisse se renouveler; mais, il faut éviter de les laisser ouverts le soir, parce que les papillons pourraient s'y introduire et y déposer leurs œufs.

On doit épousseter les livres, les tablettes et la bibliothèque une fois par trimestre et chercher à garantir les livres de la poussière, parce que, non seulement elle ternit les reliures et enlève leur fraîcheur, mais encore elle favorise le développement des insectes. Il faut aussi battre les volumes une ou deux fois par an, en les frappant fortement l'un contre l'autre, et ensuite les essuyer avec un linge bien doux.

La conservation intérieure d'un livre demande encore un soin que malheureusement on néglige trop souvent. Après avoir pris un livre dans une bibliothèque il ne faut pas l'ouvrir avant de s'assurer que la tranche supérieure n'est pas couverte de poussière. Dans le cas contraire, si c'est un volume dont la tranche est unie, l'essuyer avec un linge ou simplement souffler dessus ; si c'est un livre dont la tranche est non rognée, la brosser avec une brosse un peu dure ; de cette façon en ouvrant le volume on n'a plus à craindre la poussière, qui avant cette petite opération aurait pu s'introduire dans l'intérieur du volume et le tacher.

Nous ne nous étendrons pas sur la forme et l'ornement que doit avoir une bibliothèque, c'est la fortune et surtout le goût du propriétaire qui doivent en décider. Nous ne ferons qu'indiquer les conditions essentielles nécessaires à la conservation des livres.

Pour la construction d'une bibliothèque destinée à recevoir des livres précieux il est urgent de prendre du bois de cèdre, du cyprès, du mahogon, de l'ébène, du sandal ou au moins du chêne très-sec et très-sain. Les bois très-compactes ou très-fortement aromatisés sont ceux que les insectes ne parviennent pas à percer.

Les dimensions à observer en faisant dresser les ais traversants, soutenu par des montants, et que l'on nomme tablettes de bibliothèque, dépendent du nombre de volumes, de la différence des formats et de la quantité des ouvrages de chaque format que devra contenir la bibliothèque. En faisant supporter les tablettes par des cremaillères on en peut varier la distance à volonté. Pour l'épaisseur des tablettes il est bon d'observer quelle en est la longueur et quelle quantité de livres elles auront à supporter.

Pour éviter le désordre que pourrait occasionner un accroissement de livres ; pour épargner l'espace, pour éviter un mauvais coup-d'œil, il est nécessaire (surtout dans une bibliothèque d'amateur où il n'est pas de rigueur d'adopter la classification systématique) de les placer d'après leurs formats ;

1° Les in-folio dans les rayons inférieurs,

2° Les in-4° au-dessus ;

3° Les in-8°, in-18, in-32, etc., dans les rayons supérieurs.

Les in-folio oblong se placent parmi les in-4°, les in-4° oblong se placent parmi les in-8°, le petit in-4° parmi les in-4°. Si plusieurs ouvrages sont reliés ensemble, on place le livre dans la classe où appartient celui qui se trouve le premier.

Lorsque, dans un volume quelconque on fait intercaler du papier blanc plus grand que le texte, on place le livre d'après le format du papier intercalé. On doit avoir l'attention de laisser entre chaque rang de livres et la tablette supérieure, un intervalle suffisant pour pouvoir tirer chaque volume sans difficulté ; et, il faut surtout ne pas trop serrer les livres, afin que l'air puisse circuler autour et que le frottement en les tirant n'altère pas l'éclat de la reliure

Le meuble destiné à contenir des livres précieux doit aussi répondre par son extérieur à leur magnificence. Un tel meuble, dit Peignot, sera en bois précieux; sa forme joindra l'élégance à la solidité ; mais il ne faut pas qu'il soit surchargé d'ornements trop saillants. Les portes, garnies de quatre glaces, seront travaillées si délicatement qu'elles ne masqueront, pour ainsi dire pas, la vue des livres ; les deux glaces de chaque porte seront séparées par une baguette à coulisse en cuivre ou en acier. Les tablettes devront être garnies de maroquin brun, et la tranche apparente de ces tablettes, ornée d'arabesques en or. Cette garniture serait moins un objet de luxe qu'une précaution nécessaire pour garantir le bas de la reliure des livres, qui à la longue s'altère, étant frottée sur le bois toutes les fois qu'on déplace et qu'on replace un volume. Il serait également essentiel de faire couvrir en peau de couleur l'intérieur de ce petit meuble, c'est-à-dire le parquet vertical du fond destiné à empêcher les livres de toucher le mur. Cette précaution préserverait davantage les livres de la poussière, de l'humidité, etc.

Plus récemment, en 1855, M. Edmond Texier nous donna * la description d'un meuble exposé par M. Beaufils, de Bordeaux.

« M. Beaufils, dit-il, a exposé une bibliothè-

* Exposition universelle (1855). Le *Siècle*, 2 août 1855.

que en bois de noyer sculpté, de cinq mètres de hauteur sur six mètres de largeur.

« Le soubassement s'ouvre par quatre portes, dont les panneaux sont revêtus d'encadrements, de caissons de moulures ovales et de bas-reliefs au centre. Les figures des quatre bas-reliefs sont des génies qui exécutent les travaux de l'agriculture et des arts, des sciences et de l'industrie ; puis, entre les quatre portes, s'élèvent quatre pilastres en saillies, ornés de trophées appendus à des coquilles, et formés des outils, instruments, etc., en rapport avec le sujet de chaque bas-relief.

« La partie inférieure est couronnée d'un entablement aux armes de la ville de Bordeaux ; au-dessus, l'aigle aux ailes déployées. Un trophée de fleurs et de fruits pyramide, le tout supporte deux génies, la force et la paix.

« Le corps du milieu et les deux bas côtés sont séparés par quatre pilastres décorés de coquilles, consoles et chapiteaux. A la base de ces pilastres, quatre piédestaux allégoriques supportent quatre statues de femmes, l'Afrique, l'Asie, l'Europe et l'Amérique. Sur les corniches des bas côtés et le prolongement des pilastres reposent quatre enfants : le Printemps, avec ses guirlandes ; l'Eté, avec la faucille ; l'Automne, chargé de fruits ; l'Hiver, enveloppé d'un manteau.

« Puis, sur la console de gauche, la statue de

la Foi, un chef-d'œuvre, et sur la console de droite, la statue de la Loi.

« Tel est, en quelques mots, la description de ce meuble vraiment magistral, conçu et exécuté dans des proportions d'une belle harmonie.... Cette bibliothèque a le mérite d'être bien une bibliothèque et non un de ces meubles hétéroclite dont on ne peut deviner l'usage. »

Nous terminerons en donnant la division des tablettes d'une bibliothèque et d'une armoire à vitraux d'après le système de La Caille.

En supposant une bibliothèque de 15 pieds d'élévation, La Caille divise l'espace de la manière suivante :

		pouces
Socle ou base depuis le plancher jusqu'à la première tablette.		8
Intervalle	de la première tablette à la seconde pour les *in-folio max.*	21
	de la 2e à la 3e pour les *in-folio gr. pap.*	18
	de la 3e à la 4e pour les *in-folio ord.*	16
	de la 4e à la 5e pour les *idem.*	16
	de la 5e à la 6e pour les *idem.*	16
	de la 6e à la 7e pour les *idem.*	16
	de la 7e à la 8e pour les *in-4° gr. pap.*	12
	de la 8e à la 9e pour les *in-4° ord.*	10
	de la 9e à la 10e pour les *idem.*	10
	de la 10e à la 11e pour les *in-8° gr. pap.*	8
	de la 11e à la 12e pour les *in-8° ord.*	8
	de la 12e à la corniche pour les *in-12, etc.*	7

Pour les armoires à vitraux, l'une de 6 pieds et l'autre de 5 pieds 1/2 ; voici les divisions qu'il propose :

Pour une bibliothèque de 6 pieds

4 pouces au socle.

1re tablette	. . . .	18 pouces.
2e	—	. . . .	15 —
3e	—	. . . .	11 —
4e	—	. . . .	8 —
5e	—	. . . .	7 —
6e	—	. . . .	7 —

Pour une bibliothèque de 5 pieds 1/2

3 pouces au socle.

1re tablette	. . . .	18 pouces.
2e	—	. . . .	12 —
3e	—	. . . .	10 —
4e	—	. . . .	8 —
5e	—	. . . .	7 —
6e	—	. . . .	7 —

DU FORMAT DES LIVRES

La connaissance des formats n'est pas aussi aisée qu'on se l'imagine; car, on a vu des hommes instruits commettre des erreurs en ce genre qui ont fait naître des discussions assez sérieuses sur l'existence d'un ouvrage dont le format avait été mal indiqué.

Nous ne parlerons point ici du format du livre des anciens, qui dépendait souvent de l'étendue et de la forme de la matière subjective de l'écriture. Nous n'entendons parler que du format des livres depuis l'invention de l'imprimerie.

Le format est la résultante du nombre de feuillets contenus dans chaque feuille imprimée et pliée, quelle que soit d'ailleurs sa dimension. Il tire son nom du nombre de feuillets ou de la moitié du nombre de pages que renferme la feuille.

Il existe un grand nombre de formats dont il n'est pas facile à première vue de déterminer la dimension, l'imprimeur employant quelquefois un papier plus grand ou plus petit et chaque format pouvant être en grand papier, en papier ordinaire ou en petit papier * on peut prendre un *in-folio* pour un *in-quarto*, un *in-douze* pour un *in-octavo*, un *in-dix-huit* pour un *in-douze* et réciproquement. Ces confusions ne sont point préjudiciables pour l'arrangement des livres sur les tablettes; mais il en résulterait des erreurs bibliographiques graves; si, dans un catalogue, on désignait un petit in-octavo sous le nom d'in-douze. C'est alors créer des éditions qui n'ont jamais existé. Il y a aussi des petits formats qui offrent des doutes, alors il faut avoir recours : pour les éditions en papier vergé, aux pontuseaux ** et aux vergeures *** ; pour les

* Il est bon d'observer aussi que les imprimeurs impriment quelque fois par demi-feuille, et qu'alors les signatures tombent dans l'*in-octavo* à la neuvième page, dans l'*in-douze* à la treizième, dans l'*in-seize* à la dix-septième.

** Les pontuseaux sont des raies transparentes qui traversent entièrement le papier dans la distance de 12 à 15 lignes, ou de 27 à 33 traits selon la grandeur de la feuille; elles coupent, à angle droit, d'autres raies extrêmement rapprochées et moins sensibles que l'on nomme vergeures.

*** Il y a même quelques éditions du xve siècle, dans lesquelles on n'aperçoit aucune trace de pontuseaux ; ce papier ressemble presque à du papier vélin ; mais, on découvre des vergeures qui peuvent servir à faire connaître le format. Le meilleur moyen éditions en papier vélin, aux réclames * et aux

pour reconnaître le format avec ce papier consiste à chercher la marque de fabrique ou *marque d'eau ;* si elle se trouve au milieu du feuillet, le volume est in-folio ; si elle est au fond du volume, il est in-quarto ; et, si elle est en haut du feuillet, il est in-octavo. Il y a des bibliophiles qui ont prétendu qu'on ne voyait pas de format in-octavo et au-dessous, avant 1480 ; ils se trompent, Peignot nous en indique deux : le *Diurnale seu liber precum*, *Venetiis,* 1480, *in*-24, SUR VÉLIN ; et, un *Psalterium Davidis,* imprimé par Jean de Westphalie, vers 1480.

* La réclame (un mot ou quelques syllabes d'un mot) se trouve placée à droite sous la dernière ligne d'une page *verso* (le *verso* est la page qui est à la gauche du lecteur et le *recto* celle qui est à droite); ce mot ou ces quelques syllabes du mot sont les mêmes qu'on réitère au commencement de la page suivante, pour faire connaître l'ordre exact des pages et des feuillets. Cet usage qui est devenu inutile depuis qu'on a adopté celui des folios, n'en a pas moins persisté fort longtemps dans la typographie. On en a fait même un abus. Le livre de Heinecke, par exemple, intitulé : « Idée d'une collection générale d'estampes », etc., imprimé en Allemagne, en 1777, porte des réclames à toutes les pages, ce qui est absurde; car il ne pouvait y avoir erreur d'une page à l'autre du même feuillet. La réclame se place ordinairement à la fin de chaque feuille ou bien à la fin de chaque cahier, quand la feuille est partagée en plusieurs cahiers.

Les réclames n'ont d'abord paru que dans le *Confessionale sancti Antonini*. Bononiæ (sans nom d'imprimeur), 1472, in-4. Magré de Marolles en avait vu dans le *Tacite* de Vindelin de Jean de Spire, signatures *; à leur inspection on reconnaîtra sur le champ le format le plus douteux.

qu'il croyait de 1468 ou 1469; mais Rive (pag. 189) prouve que ce livre ne peut avoir été imprimé que vers la fin de 1472. On voit par là que dans les premiers temps de l'Imprimerie il n'y avait pas de réclame; ensuite on les a beaucoup multipliées, maintenant elle ne sont plus guère en usage.

* On entend par *signatures* les signes particuliers qu'on emploie pour distinguer les différentes feuilles dont se compose un ouvrage. Autrefois on se servait des lettres de l'Alphabet, mais depuis long-temps on ne se sert plus que de chiffres. Si, par exemple, on veut s'assurer qu'un volume est in-8, on n'a qu'à regarder au bas de la 17e page, on y trouvera B (si l'in-octavo est imprimé par demi-feuille, le B ou le chiffre 2 sera au bas de la 9e page); à la 33e, C; à la 49e, D; etc. Si le volume est in-12, on trouve B à la page 25; C à la page 49; D, à la page 73, etc., parceque la feuille étant pliée en douze, ce qui forme 24 pages, il est naturel que la seconde feuille commence par le nombre 25, et soit marquée de la lettre B ou du chiffre 2. On se sert aussi de signatures pour connaître l'ordre des cahiers et des pages qui les composent, surtout dans les petits formats au-dessous de l'in-12, où une feuille renferme plusieurs cahiers séparés et a plusieurs signatures. S'il y a plus de cahiers ou de feuilles que de lettres on multiplie l'alphabet par minuscules ajoutées à la majuscule, autant de fois qu'il est nécessaire; c'est-à-dire qu'après la 23e feuille, on recommence l'alphabet, ou signature A a; à la 47e, on reprend le troisième alphabet ou signature A aa, et ainsi de suite. Il est reconnu que les signatures ont paru pour la première fois dans le *Johan. Nyder præceptorium divinæ legis.* Coloniæ,

Pour voir comment la feuille est pliée dans chaque format, combien elle contient de pages, comment sont disposés les pontuseaux des différents formats, la manière de les faire connaître, nous allons exposer une table des dénominations de formats *.

L'in-folio a la feuille pliée en 2, contient 4 pages, et ses pontuseaux sont perpendiculaires.

L'in-4°, a la feuille pliée en 4, contient 8 pages, et ses pontuseaux sont horizontaux.

per Johan. Koelhof de Lubeck, 1472, in-fol. à deux colonnes. De nos jours la signature par lettre est abandonnée et on ne se sert plus que de chiffres.

* Dans la première période de l'imprimerie les livres étaient de format *in-folio*, *in-quarto*, *in-octavo* et *in-vingt-quatre* ; mais, ce ne fut que vers la fin du XVe siècle que Alde Manuce mit en vogue le format *in-octavo*. Au XVIIe siècle les Elzeviers publièrent leurs charmantes collections qui mirent en vogue les formats *in-seize* et *in-vingt-quatre*. Au XVIIIe siècle l'*in-douze* était fort commun. Aujourd'hui c'est l'*in-octavo* et l'*in-dix-huit* qui sont le plus en vogue. L'*in-folio* est à peu près abandonné si ce n'est pour les atlas et quelques publications officielles. On n'imprime guère in-quarto que des dictionnaires, des recueils scientifiques et autres ouvrages qui ne sont consultés que dans les bibliothèques. Quelques éditeurs ont imaginé de faire tirer le même ouvrage sur deux formats, in-octavo et in-dix-huit ; dans ce cas l'in-dix-huit a trop peu de marges. Les formats qui conviennent le mieux aux romans, aux publications intimes sont l'*in-dix-huit* jésus (format Charpentier) et l'*in-dix-huit* carré.

L'in-8°, a la feuille pliée en 8, contient 16 pages et ses pontuseaux sont perpendiculaires *.

L'in-12 a la feuille pliée en 12, contient 24 pages et ses pontuseaux sont horizontaux.

L'in-16 a la feuille pliée en 16, contient 32 pages et ses pontuseaux sont horizontaux.

L'in-18 a la feuille pliée en 18, contient 36 pages et ses pontuseaux sont perpendiculaires.

L'in-24 a la feuille pliée en 24, contient 48 pages et ses pontuseaux sont perpendiculaires horizontaux **.

L'in-32 a la feuille pliée en 32, contient 64 pages et ses pontuseaux sont perpendiculaires.

L'in-36 a la feuille pliée en 36, contient 72 pages et ses pontuseaux sont horizontaux.

L'in-48 a la feuille pliée en 48, contient 96 pages et ses pontuseaux sont horizontaux.

L'in-64 a la feuille pliée en 64, contient 128 pages et ses pontuseaux sont horizontaux.

* L'in-8° a comme la plupart des autres formats, diverses dénominations qui proviennent de la grandeur du papier employé par l'imprimeur. Ainsi, par exemple, ce livre est imprimé sur papier couronne, d'où lui vient le nom de in-8 *couronne*.

** Comme l'in-24 est quelquefois incertain, il faut, pour connaître au juste sa dénomination, ouvrir le livre entre les pages 48 et 49; si la réclame se trouve au bas de la page 48, et la signature au bas de la page 49, alors le format est in-24; mais, si la réclame est au bas de la page 64, et la signature au bas de la page 65, le format est in-32.

L'in-72 a la feuille pliée en 72, contient 144 pages et ses pontuseaux sont perpandiculaires.

L'in-96 a la feuille pliée en 96, contient 192 pages et ses pontuseaux sont perpendiculaires.

L'in-128 a la feuille pliée en 128, contient 256 pages et ses pontuseaux sont perpendiculaires *.

On voit par ce qui précède quelles sont les différentes sortes de formats ; huit ont les pontuseaux perpendiculaires et six les ont horizontaux ; on voit aussi le nombre de pages contenues à la feuille dans chaque format ; alors, à l'inspection des signatures il est facile de reconnaître toute espèce de format.

Les signatures alphabétiques ou les signatures en chiffres correspondant au nombre de pages que donne tel ou tel nombre de feuilles suivant le format, nous allons donner un tableau de leur correspondance dans les formats les plus usités.

Signatures		*In-folio*	*In-4°*	*In-8°*	*In-12*
A	ou chiff.	1— 4 pag.	8 pag.	16 pag.	24 pag.
B	—	2— 8	16	32	48
C	—	3—12	24	48	76
D	—	4—16	32	64	96
E	—	5—20	40	80	120
F	—	6—24	48	96	144
G	—	7—28	56	112	168
H	—	8—32	64	128	192
I ou J	—	9—36	72	144	216
K	—	10—40	80	160	240
L	—	11—44	88	176	264

* Le format in-128 était appelé *pouce*, on l'employait jadis pour de très-petits almanachs.

	Signatures		In-folio	In-4°	In-8°	In-12
M	ou chiff.	12—	48 pag.	96 pag.	192 pag.	288 pag.
N	—	13—	52	104	208	312
O	—	14—	56	112	224	336
P	—	15—	60	120	240	360
Q	—	16—	64	128	256	384
R	—	17—	68	136	272	408
S	—	18—	72	144	288	432
T	—	19—	76	152	304	456
U ou V	—	20—	80	160	320	480
X	—	21—	84	168	336	504
Y	—	22—	88	176	352	528
Z	—	23—	92	184	368	552
A a	—	24—	96	192	384	576
B b	—	25—	100	200	400	600

Par l'usage de ce tableau on voit, que :

Dans l'in-folio, un volume composé de 21 feuiles a 84 pages;

Dans l'in-4°, un volume composé de 17 feuilles a 136 pages;

Dans l'in-8°, un volume composé de 11 feuilles a 176 pages.

C'est surtout en vue de la collation des livres anciens et dont nous parlerons plus loin, que nous avons fait ce petit travail qui ne pourrait pas servir à tous les formats modernes, que seul, un long usage peut faire distinguer les uns des autres.

DE LA RELIURE DES LIVRES

A reliure est à la typographie ce que celle-ci est aux autres arts; l'une transmet à la postérité les ouvrages des savants, l'autre doit lui conserver les productions typographiques. Une reliure mal faite est un véritable larcin fait aux siècles futurs *.

La reliure a pour but la conservation des livres et l'ornement des bibliothèques. Jusqu'au XVIIIe siècle **, on n'a guère connu que deux sortes de reliures, la reliure couverte en peau (veau, maroquin, etc.), avec nerfs apparents, et la reliure en vélin, telle qu'on l'exécutait si bien en Hollande. Celle-ci était une sorte d'emboîtage à dos brisé, mais dans lequel la solidité

* Lesné.
** Merlin. Rapport, 1856.

s'unissait à la souplesse et à la légèreté *. La reliure dite en vélin cordé, dans laquelle excellaient aussi les Hollandais, était également une reliure en vélin, mais cousue sur doubles nerfs à dos non brisé, les nerfs apparents; elle était ornée d'estampages sans or. A la fois gracieuse et solide, elle fait encore aujourd'hui l'ornement des rayons in-folio et in-quarto, car elle ne s'appliquait en général qu'à ces deux formats; il faut convenir cependant que la rigidité excessive du dos en rendait l'usage quelquefois incommode.

L'art des reliures hollandaises en vélin semble perdu aujourd'hui; nous ne connaissons plus que la reliure en peau, à nerfs, antérieure à l'origine de l'imprimerie, la reliure en peau dite *à la grecque*, introduite dans le XVIIIe siècle **, la

* Ces volumes étaient cousus sur nerfs de parchemin ; un carton très-mince supportait le vélin qui formait la couverture, et les pointes de nerfs, passées dans les charnières, et collées sur le carton par-dessous une bande de papier fort ou de parchemin que recouvraient les gardes, suffisaient pour maintenir le tout ; des attaches de parchemin fixées sur le dos, et dont les bouts se collaient aussi sous les gardes, ajoutaient encore à la solidité.

** On sait que la grecque est une entaille faite dans le dos du cahier au moyen d'une scie ; dans cette entaille se loge la ficelle des nerfs, et le dos du volume reste uni à l'extérieur ; ou bien par suite d'une supercherie, le dos peut prendre la forme du volume reliure dite à *dos brisé* déjà en usage au milieu du siècle dernier *, et la demi-reliure **, invention allemande plus moderne. Le cartonnage à la Bradel, qui eut tant de vogue il y a trente ans, a presque disparu de nos bibliothèques.***

Nous ne nous occuperons pas de l'art du relieur duquel il ne peut être question ici, nous tenons seulement à faire comprendre à nos lecteurs en quoi consiste une bonne reliure et leur faire connaître quelles sont les différentes

cousu sur nerfs, c'est-à-dire que les *soi-disant* nerfs forment saillie sur le dos. Dans tous les cas, le volume *relié à la grecque* s'ouvre très-mal.

Les règlements anciens, qui interdisaient sagement aux relieurs la couture à la grecque, n'avait déjà plus d'action en 1761, puisque Dudin la décrit en détail (*Art du relieur*, page 20-21).

* Dans la reliure improprement appelée à dos brisé, la peau qui recouvre le dos ne tient pas aux cahiers, elle est collée sur une bande de carte introduite entre cette peau et le dos du livre, auquel le carton n'adhère pas. Par ce moyen, le volume peut s'ouvrir complètement sans revenir sur lui-même et sans que le dos de la reliure puisse se rompre, comme il arriverait aux reliures à dos fixe. Ce mode de reliure est surtout convenable pour les gros volumes et pour ceux qui doivent être feuilletés beaucoup ou rester ouverts sur un pupitre.

** Dans la demi-reliure, le dos et quelquefois les coins sont seuls couverts en peau; les plats le sont en papier. Le corps du livre est comme dans la reliure pleine, soit à dos fixe soit à dos brisé.

*** C'était une vraie reliure à dos brisé, où la

transformation qu'un livre a à subir de sa remise en les mains du relieur jusqu'à sa rentrée dans leur bibliothèque.

Avant tout, le choix d'un relieur est une chose importante pour tout bibliophile jaloux d'avoir des exemplaires bien conservés et dont les marges aient été ménagées ; mais, plus on est exigeant sur la perfection du travail, moins on a le droit d'être parcimonieux sur le prix que demande l'ouvrier pour s'indemniser du temps qu'il a été obligé de sacrifier en plus que pour un travail ordinaire.

La reliure * est un art dont tout le monde sent le prix. C'est un plaisir qui n'a rien de ridicule, quoi qu'on en dise, que de voir revêtus d'une parure magnifique et honorés d'une sorte de culte les ouvrages d'un auteur qu'on aime.

Il ne faut cependant pas trop exagérer l'importance de cet accessoire, et celle qu'il a pris dans ces derniers temps passe un peu la mesure. Des livres fort médiocres ** montent

tranche du livre n'était pas rognée, et dont le dos et les cartons n'étaient couverts que de papier. On l'employait principalement comme moyen de conservation provisoire pour les livres auxquels on projetait de faire mettre plus tard un riche habillement.

* Nodier.

** Il semble à trois gredins, dans leur petit cerveau
Que, pour être imprimés et reliés en veau,
Les voilà dans l'état d'importantes personnes.
MOLIÈRE.

dans les ventes a des prix énormes presque sans autre recommandation qu'une magnifique reliure de Boyer, de Derome, de Thouvenin, de Bozerian, de Padeloup, de Simier, de Courteval et autres relieurs. Le nom, d'un de ces hommes qui ont excellé dans leur art, attaché au revers des gardes d'un volume en double ou en triple la valeur.

Il en sera autant un jour (et, on peut même dire sans crainte d'erreur qu'il en est autant) des beaux travaux de nos artistes relieurs vivants, que nous ne nommerons pas ici de peur d'en oublier quelques uns.

Les connaisseurs, il est vrai, a dit M. R. Minzloff avec justesse, ne manquent pas d'y regarder de fort près; ils n'achèteront pas un mauvais livre pour la beauté de la reliure, à moins que cette reliure ne soit elle-même une curiosité historique; mais, ils attacheront une grande importance à ce que leurs livres préférés prennent entre les mains d'un artiste de premier ordre l'apparence et la qualité d'un œuvre d'art.

Quelle que puisse être la fortune d'un amateur, le soin de sa réputation de bibliophile exige qu'il sache graduer la dépense des reliures d'après l'importance des ouvrages *.

L'Art de la reliure en France aux derniers siècles, par Ed. Fournier, 1864.

* Il est certain que plus d'un livre médiocre, sur-

La reliure d'amateur * doit-être riche sans ostentation, solide sans lourdeur, toujours en harmonie avec l'ouvrage qu'elle recouvre, d'un grand fini de travail, d'une exacte exécution dans les plus menus détails, à lignes nettes, à dessin fortement conçu.

Une reliure sera bien conditionnée si elle réunit à la fois la solidité à l'élégance; si le volume ** s'ouvre facilement et reste ouvert à n'importe quelle page; si étant fermé, la couverture et les feuillets forment un tout bien uni, sans bailler ni se séparer à aucun endroit; si le dos se brise facilement sans conserver la marque de la brisure; si les commencements de lignes, ainsi que les marges intérieures sont parfaitement visibles à l'ouverture du livre; si enfin, les marges extérieures sont le moins possible et partout également rognées. La régularité de la

pris de se trouver sur les tablettes d'un somptueux bibliophile, peut, grâce à l'art et à l'habileté de nos relieurs, s'écrier avec *Sedaine* : « Ah ! mon habit, que je vous remercie ! » Ce serait peut être le cas de citer ici ce que *Sénèque* disait de quelques amateurs de son temps : *Plerisque....., libri non studiorum instrumenta sunt, sed aedium ornamenta* (De Tranquill., chap. IX).

* Wolowski, rapport 1869.

** Le mot *volume* a rapport à la reliure, celui de *tome* à la division d'un livre en plusieurs parties : un ouvrage peut avoir douze tomes en six volumes, comme six tomes en douze volumes.

pliure, la solidité de la couture, celle du dos, l'élasticité des charnières sont encore autant de conditions d'une bonne reliure.

Pour obtenir toutes ces qualités réunies, il faut, comme nous l'avons dit plus haut, ne confier ses livres qu'à un très-habile relieur, et laisser à celui-ci tout le temps nécessaire pour les diverses opérations que réclame une bonne reliure. D'abord, on comprend qu'on ne doit point faire relier un livre récemment imprimé. L'encre d'imprimerie ne sèche que très-lentement et, en soumettant au battage un livre dont l'encre ne s'est point encore parfaitement séchée, on s'expose à voir toutes les pages maculées et rendues complètement illisibles. Une année tout entière et peut-être deux doivent s'écouler avant qu'un livre soit livré au travail de la reliure. Les livres nouveaux doivent-être achetés brochés : C'est sous cette forme qu'il convient de leur faire subir la fatigue de la première lecture. Lorsque le moment est venu où le volume peut-être livré au relieur, l'amateur est en droit de faire à celui-ci certaines recommandations sur des points trop souvent négligés *.

Si le livre est imprimé sur beau papier, fort et

* Quelques personnes prennent une précaution que nous approuvons beaucoup. Lorsqu'un ouvrage est plié et cousu, avant de l'endosser, le relieur les avertit; elles se transportent chez lui pour s'assurer que les feuilles ont été pliées exactement, que l'as-

sonnant, il faut se garder de le faire trop battre car, ce que l'on gagnerait en compacticité, ne compenserait pas la perte de la qualité sonore du papier. D'ailleurs un livre trop battu, trop compacte, s'ouvre très-difficilement. La couture, qui est le point capital de la reliure, demande aussi certains soins ; si les cahiers de papier sont épais, il faut non-seulement les coudre au milieu, mais encore au commencement et à la fin, ce qui donne à la couture la qualité requise. Quand le volume sera cousu et passé à la colle-forte, le relieur fera bien de l'arrondir avant qu'il soit entièrement sec, car cette opération ne se fait bien qu'alors, et le dos se maintient bien mieux : il y a certains cas où il serait bon de ne pas l'endosser au marteau, mais de laisser les mors se former naturellement. Il est également à propos que les cartons soient rognés d'équerre avant d'être appliqués ; c'est par là qu'on obtient de rogner la tranche le moins possible, et on sait avec quelle raison l'amateur tient à conserver à son livre le plus de marges possible *; la rognure est une chose mécanique,

semblage a été bien fait et que les cahiers ont été cousus bien également. Cette précaution est tellement gênante pour l'un et pour l'autre, qu'on ne doit en faire usage que pour les ouvrages précieux.

* Rien n'est plus précieux que l'intégrité des marges ; et, quelque réservé que soit le couteau du relieur, il ne peut en ôter sans altérer ce qui flatte le

et avec le compas, l'équerre et l'habitude on ne peut guère manquer de réussir *.

C'est alors que le volume est doré, marbré ou jaspé sur tranche. Si l'on tient à ce que les pages ne soient pas émargées, on peut se contenter d'en faire dorer la tête, la dorure en tête étant indispensable pour empêcher la poussière de pénétrer entre les feuillets et de maculer le volume.

Pour ce qui concerne la couverture, nous ferons remarquer que certains relieurs ont l'habitude de coller du parchemin sur le dos pour donner de la solidité au volume; on obtient le même résultat en insérant du parchemin entre les nerfs et en les ramenant sur les gardes, et l'effet est meilleur.

La parure, c'est-à-dire l'amincissement de la peau peut-être poussé plus ou moins loin, mais il doit toujours être proportionné à la grandeur et à la grosseur du volume. Quant au carton, il doit-être plutôt trop fort que trop mince.

Nous ne dirons rien de la dorure, de la gaufrure et autres ornements analogues, c'est une

plus l'œil de l'amateur; nous voulons dire une belle marge dans toute sa grandeur primitive. Il est difficile de se faire une idée du prix que les connaisseurs attachent aux marges bien conservées.

* Le relieur à besoin de redoubler d'attention lorsque l'ouvrage est chargé de notes marginales, sans cela il risquerait de les atteindre, ce qui ferait le plus grand tort à l'exemplaire.

affaire de goût qu'il faut laisser à l'artiste : seulement l'amateur de livres devra tenir à ce que les titres inscrits sur le dos des volumes soient parfaitement exacts, sans faute d'orthographe et sans abréviations ridicules ou incompréhensibles. Le plus prudent sera de rédiger d'avance avec le plus grand soin le titre tel qu'on désire qu'il soit mis sur le livre et d'exiger qu'il n'y soit rien changé.

M. Mouravit, dans un intéressant ouvrage (*La Petite bibliothèque d'amateur*) souhaite voir se répandre l'habitude récemment introduite de mettre la date de l'édition, parfois aussi le nom de l'éditeur sur le dos du volume. Cette addition, dit-il, en achevant de déterminer la nature et la valeur propre de l'ouvrage, déjà révélées par le titre et le nom de l'auteur, contribue à rendre la reliure plus *parlante*, si l'on peut dire ; entre plusieurs éditions du même ouvrage on saura quelle est celle-ci, on aura appelé une plus vive lumière sur ces volumes que leur enveloppe laisse toujours dans une ombre douteuse.

Tout en rendant justice à l'utilité et à la beauté des reliures pour conserver les livres et embellir les bibliothèques, nous pensons qu'il y a certains ouvrages de prix qui gagneraient plus à une élégante demi-reliure qu'à une reliure entière.

Règle générale, pour les livres dont on veut

conserver les marges, c'est-à-dire que l'on veut faire relier non rognés, il est mieux de faire faire une demi-reliure.

La demi-reliure (tête dorée, dorée en tête, non rognée), exige les coins, pour préserver le livre et ajouter à l'élégance de la reliure.

La demi-reliure simple (tranche marbrée, tranche jaspée, etc.), celle enfin que l'on emploie pour les livres de peu de valeur, ne peut aller qu'avec un livre rogné.

Les livres imprimés sur vélin exigent des soins tout particuliers ; on ne doit les faire relier que longtemps après l'impression, lorsque l'encre et le vélin sont parfaitement secs ; et, quand ils sont reliés, il faut différer de les enfermer jusqu'à ce que la reliure n'ait plus rien de l'humidité occasionnée par la colle que l'on y a employée. En général, rien n'attire et ne conserve plus l'humidité que le parchemin et le vélin. La blancheur est éclatante ; mais si on le laisse trop longtemps à l'air il devient jaune, et il se crispe facilement à l'humidité ou à la chaleur.

Nous terminerons ce rapide exposé de la reliure en appelant l'attention des amateurs sur la reliure des livres anciens *.

La reliure étant le costume du livre, un biblio-

* Nous avons presque regret de renvoyer les amateurs à l'ouvrage de M. Gustave Brunet : « *Etudes sur la reliure des livres et sur les collections des*

phile doit tenir particulièrement à ce qu'une édition ancienne d'un livre estimé reste parée de sa reliure originale, surtout si elle porte les marques de quelque illustre personnage. Tels sont les beaux exemplaires des souverains protecteurs des lettres, aux chiffres des célèbres bibliophiles, ou bien illustrés seulement d'un nom autographe d'un savant ou d'un littérateur illustre par ses œuvres.

Un de nos bibliographes les plus instruits a dit avec beaucoup de vérité :

Les livres, comme les hommes, ont leurs titres de noblesse, et les d'Hozier bibliographiques suppléent les quartiers d'un volume par les célébrités de toute espèce auxquelles il a appartenu, depuis les maîtresses des rois, jusqu'aux prélats ou aux modestes hommes de lettres. Armoiries, chiffres, devises, signatures et même traditions, tout est preuve dans cette justification, et l'on sait ce qu'elle ajoute à la valeur des livres, et à quels prix élevés se portent les volumes décorés de la devise de Grolier, du chiffre de Henri II ou de Diane de Poitiers, des armes de de Thou, de

bibliophiles célèbres. Bordeaux, 1873. » Ce livre contient un nombre considérable de renseignements sur la reliure des livres anciens; malheureusement il a été tiré à trop petit nombre (115 exemplaires) et nous sommes certains d'être l'écho d'un grand nombre d'amateurs en en demandant une nouvelle édition. Des ouvrages aussi intéressants que celui-là devraient-être tirés à un plus grand nombre d'exemplaires.

Colbert, d'Hoym, de Soubise, ou de la signature de Racine, de Bossuet, et d'autres personnes célèbres.

Comme complément de la physionomie du livre * ancien, et si l'on a des livres pour simple délectation il faut les avoir complets autant que possible, c'est-à-dire : les allemands revêtus de peau de truie gaufrée, les italiens avec d'élégants compartiments sur les plats, les français *doublés* de maroquin et ornés de ces fines dentelles qui

* Le regretté M. Amb. Firmin Didot, dans son rapport sur la reliure a émis l'opinion que, « comme principe général, le choix des couleurs plus ou moins sombres, plus ou moins claires (pour les reliures), devrait toujours être approprié à la nature des sujets traités dans les livres. Pourquoi ne réserverait-on pas le rouge pour la guerre et le bleu pour la marine, ainsi qu'on le fesait dans l'antiquité pour les poèmes d'Homère, dont les rapsodes vêtus en pourpre chantaient l'Iliade et vêtus en bleu chantaient l'Odyssée? Je me rappelle avoir vu dans la belle bibliothèque de mon père un magnifique exemplaire de l'Homère de Barnès, dont le volume de l'Iliade était relié en maroquin rouge, tandis que l'Odyssée l'était en maroquin bleu. On pourrait aussi consacrer le violet aux œuvres des grands dignitaires de l'Église, le noir à celles des philosophes, le rose aux poésies légères, etc., etc. Ce système offrirait, dans une vaste bibliothèque, l'avantage d'aider les recherches en frappant les yeux tout d'abord. On pourrait aussi désirer que certains genres d'ornements indiquassent sur le dos si tel ouvrage sur l'Egypte, par exemple, appartient à l'époque pharaonique, ou arabe, ou française, ou turque ; qu'il en fût de même pour la Grèce antique, la Grèce byzantine ou la Grèce moderne, la Rome des Césars ou celle des papes. »

sont le triomphe des Le Gascon et des Du Seuil. La patine du temps sied mieux à ces antiques, qu'une brillante dorure moderne *.

Dans l'éloge que Vigneul-Marville fit de la bibliothèque de Grollier nous trouvons les passages suivants qui ne sont point étranger à la reliure. « Rien ne manque aux volumes, ni pour la bonté des éditions de ce temps-là, ni pour la beauté du papier et la propreté de la relieure (*sic*). . . . . le titre des livres se trouve aussi sur le dos entre deux nerfs, comme cela se fait aujourd'hui (1676), d'où l'on peut conjecturer que l'on commençait dès-lors à ne plus coucher les livres sur le plat dans les bibliothèques selon l'ancienne coutume qui se garde encore aujourd'hui en Allemagne et en Espagne ; d'où vient que les titres des livres reliez en velin qui nous viennent de ces pays-là sont écrits en gros caractères tout le long du dos des volumes. . . »

Un des plus célèbres bibliophiles de la Hollande, feu M. Jer. de Bosch, de Leyde, et que nous croyons devoir présenter aux amateurs comme leur modèle, a exprimé, dans la préface du catalogue de sa bibliothèque, son ardent amour pour les beaux livres et la passion avec laquelle il recherchait les meilleurs exemplaires qui n'étaient que peu ou point rognés, sans taches, et sans aucune espèce de défauts : « Jam inde a pueritia, dit-il, hanc mihi bibliothecam

* Piot, *Cabinet de l'amateur*, 1861, p. 118.

comparavi, ea cura ac diligentia, ut nullum librum in eam recipiendum existimarem, nisi qui plenus esset et integer, nullis adspersus maculis, neque fœdatus lituris, aut vermium dentibus tactus, uno verbo, nullum codicem admitterem nisi qui nitidissime esset conservatus; quod quam magnam operam postulet..., facile harum rerum periti intelligent; neque ego hoc ab ullo homine fieri posse arbitror, nisi ab eo, cui, ut mihi, per sexaginta fere annos in hac re recte agenda strenue laborare contigit..... Labentibus annis pejoris conditionis codices ejiciendo et pulchrioris substituendo tantum profeci, ut si .... etiam ultimæ vetustatis libros, ex hac bibliotheca in manum sumas, recentes è prælo te tractare existimes.... Quod non necessarium esse putabunt multi... quibus sordidis digitis impressos, maculis, atramento et oleo inquinatos libros nos quidem relinquimus.... Mihi sive a natura, sive a parentibus datum ut omnes sordes fugiam... Unde evenit ut meæ bene instruendæ bibliothecæ curæ etiam alia successerit....Hæc, præter interiorem librorum conditionem ad externam formam spectabat. Quoad quidem potui exempla mihi comparavi, quorum margines essent integræ, nec scissæ, i. e. aratri ferrum non perpessæ....Si quæ vero occurrerent, quorum margines... scindi debere arbitrarer, hac in re ita versatus sum, ut si cui illud munus.... daretur, caveret ne quid detrimenti liber caperet.

Nous avons parlé plus haut (page 26-27) du prix que l'amateur attache à l'intégrité des marges et nous avons dit que rien n'était plus précieux dans un livre ; cela est vrai, mais nous n'avons pas entendu parler des fausses marges, qui, dans les livres tirés sur papier de choix et par une particularité dûe aux nécessités du tirage, ont souvent des dimensions excessives.

« Quelques amateurs, dit M. A. Lemerre, * ne font pas tomber à la reliure ces fausses marges. Il nous semble meilleur de les rogner, elles proviennent non d'une intention artistique, mais d'une nécessité matérielle ; ces différences dans les dimensions des papiers, loin d'être un ornement, donnent un aspect irrégulier qui ne saurait être agréable. »

En résumé, une bonne et élégante reliure dépend autant de l'habileté de l'ouvrier que du goût de l'amateur. Dans ce chapitre « De la reliure des livres » nous avons mis le bibliophile à même de guider l'ouvrier et de conseiller l'amateur.

* Le livre du bibliophile.

MOYENS
DE PRÉSERVER LES LIVRES
DES INSECTES

Une bibliothèque a ordinairement trois sortes d'ennemis assez dangereux : les insectes, l'humidité et les rats ; quelques mauvais plaisants y ajoutent les emprunteurs.

Nous ne parlerons ici que des insectes : nous avons indiqué plus haut le moyen de préserver les bibliothèques de l'humidité ; tout le monde connaît les moyens à employer pour détruire les rats * ; quant aux emprunteurs, c'est une grave question dont J. Janin s'est occupé et qu'il n'a pu résoudre, il est donc inutile que nous essayons même de nous en occuper, nous lais-

* M. Ludovic Lalanne, dans ses « Curiosités bibliographiques », dit que Pline prétendait qu'en faisant infuser de l'absinthe dans l'encre (qui servait aux copistes) on préservait les livres des souris.

sons ce soin à des voix plus autorisées que la nôtre*.

* On demande s'il est juste et prudent de prêter ses livres?—Vous enfouissez la vérité! Vous cachez le flambeau sous le boisseau, vous êtes un égoiste, un avare, disent les emprunteurs.

En même temps, ils vous citent la belle inscription de Grolier: *Pour moi et mes amis!* Mieux encore, la devise de ce brave homme, exilé volontaire, appelé Schelcher : *Pour tous et pour moi.*

C'est très-bien dit, c'est très-bien fait; mais nous avons connu M. de Bure. C'était son usage de choisir lui-même, sur le rayon, l'exemplaire qu'il permettait de tenir un instant.

Scaliger avait écrit au fronton de sa bibliothèque : *Ite ad vendentes!* Charles Nodier avait composé, à l'usage de son ami Pixéricourt, ce petit distique :

Tel est le sort de tout livre prêté ;
Souvent il est perdu, toujours il est gâté.

Condorcet, mort si misérablement et si glorieusement pour n'avoir pas voulu jeter aux buissons le petit *Horace* in-32 de l'Imprimerie Royale qu'il tenait dans sa main, lorsqu'il fut arrêté dans une misérable auberge de Sceaux, par des patriotes de grand chemin, avait composé en l'honneur de ses livres bien-aimés, les jolis vers que voici :

Chères délices de mon âme,
Gardez-vous bien de me quitter
Quoiqu'on vienne vous emprunter.
Chacun de vous m'est une femme
Qui peut se laisser voir sans blâme
Et ne se doit jamais prêter.

Les insectes ont été de tout temps le fléau des bibliothèques *, on ne saurait trop mettre de soins à les préserver de ces dangereux bibliophobes.

On connaît plusieurs moyens pour mettre les livres à l'abri des insectes. Le premier consiste dans le choix du bois qu'on emploie pour le corps de bibliothèque et pour celui des tablettes. Nous en avons parlé plus haut au premier chapitre de cet ouvrage. Le deuxième consiste en une grande propreté dans laquelle on doit constamment entretenir les livres. Plus loin nous indiquerons les autres moyens connus.

Les insectes qui font tant de ravages et qui,

Certes, ces diverses opinions méritent qu'on s'en inquiète... Or, voici notre avis :

Accepter la devise de Grolier et de Schelcher.

Se conduire à la façon de Scaliger, de Condorcet et de Pixéricourt.

(Jules Janin. *L'Amour des Livres.* Paris, 1866.)

* Une des peintures d'Herculanum représente deux batons superposés en croix. Au milieu d'eux est un trou ou bouton qui servait à fixer la courroie avec laquelle on serrait le volume. Un livre ainsi attaché se nommait *constrictus liber*, et il était moins exposé à être rongé par les insectes.

Constrictos nisi das mihi libellos,
Admit tam tineas trucesques blattas.

Une précaution encore plus efficace contre ces rongeurs était la membrane avec laquelle on enveloppait les livres.

malgré tous les soins, s'introduisent et se multiplient d'une manière si imperceptible, qu'il n'y a que peu de bibliothèques où leur présence ne se manifeste par quelques dégâts, sont les larves d'éphémère, telles que le *ptinus fur*, L., *ptinus mollis*, L., ou *anibium molle* de Fabricius, ou bien encore la chenille de l'*Aglosse cuivrée* *.

Chrétien Mentzelius, dans l'observation sur l'espèce de mite dont le cri imite celui de la poule (*sic*) et qui ronge le papier, nous fait connaître un autre ennemi des livres. La mite dont il est question se cache dans les livres, les ronge et se nourrit de la colle dont on les enduit en les reliant, elle est de la grosseur d'une puce. « Un jour, étant occupé à travailler dans mon cabinet, dit-il,** j'entendis un bruit réitéré, qui ressemblait au gloussement d'une poule, d'abord je ne savais si ce bruit était

* La femelle de l'Aglosse cuivrée dépose de préférence ses œufs microscopiques dans la couverture en cuir des livres reliés Chaque œuf donne naissance à une très-petite chenille qui perce, pour s'en nourrir, la substance de la couverture du livre, puis le livre lui-même. C'est ainsi qu'on trouve des livres percés de part en part d'une galerie cylindrique, au fond de laquelle se tient un très-petit ver blanchâtre; c'est la chenille de l'Aglosse cuivrée.

** Collection académique composée des mémoires des plus célèbres académies étrangères, trad. en français (par Paul, Keralio, Robinet, etc.). Dijon et Paris, 1755-79, 13 vol. in-4.

occasionné par une poule du voisinage ou si les oreilles me tintaient; mais, au moment de cette incertitude, j'aperçus une mite qui était dans le papier même sur lequel j'écrivais à la chandelle, et elle ne cessa de glousser que quand je l'observais avec un verre qui me la fit paraître quatre ou cinq fois plus grande qu'elle ne l'était.

« Il m'est arrivé d'examiner à deux différentes fois un de ces insectes qui gloussait dans un livre relié en bois ; peut-être appelait-il sa femelle ? Ce petit animal vu avec un verre qui grossit les objets m'a paru peu différent de l'insecte dont Goëdard a parlé dans son *Traité des Métamorphoses*, part. I, obs. 60, si ce n'est qu'il a des ailes, que ses couleurs sont moins variées, et que sa couleur, qui est foncée, est disposée par des taches éparses sur tout le corps. Cette mite a sur le dos une crête oblongue de couleur grise, elle porte la tête basse et rapprochée de la poitrine ; c'est en frappant l'aile l'une contre l'autre qu'elle excite un bruit qui imite le gloussement d'une poule. »

On voit par ce qui précède combien sont nombreux ces insectes qui occasionnent quelque fois des dégâts irréparables; nous ne citerons qu'un exemple pour montrer aux amateurs combien l'absence de précautions peut amener de ravages dans une bibliothèque. *

* Le dommage que les vers causent aux livres les

M. Fabbroni (qui était directeur du musée de Florence) et qui possédait une magnifique bibliothèque, trouva après une année d'absence de sa patrie, un tel dégât dans les bois et les meubles, causé par les dermestes, dans les livres, abîmés par les larves d'éphémère, qu'il lui parut presque impossible de la garantir d'une destruction totale ; cependant il en trouva bientôt les moyens. Il boucha d'abord, avec du stuc et de la cire, les petits trous des bois ; mais, peu après il vit paraître de nouveaux vers ; il fallait leur rendre mortelle chaque partie du bois qu'ils pouvaient attaquer. Il plongea les bois ordinaires dans l'orpin à l'huile ou à la colle ; pour les autres il les fit oindre, une fois par mois, avec de l'huile d'olive, dans laquelle on avait laissé bouillir de l'arsenic jusqu'à ce que la couleur et l'odeur annonçassent que la dissolution s'était opérée. Le nombre des dermestes diminua sur-le-champ, et ils finirent par disparaître.

On ne pouvait employer un semblable moyen pour les livres, M. Fabbroni résolut d'oindre avec de l'eau forte le dos et les côtés des volumes ; à l'instant les dermestes abandonnèrent leur demeure et errèrent sur le bord des tablettes;

plus précieux n'est que trop connu des bibliophiles; mais les personnes qui n'ont vu que les livres tels qu'ils sortent des mains du libraire ou du relieur, ou qui servent continuellement, ne peuvent s'en faire une idée.

mais, cette huile bouillante s'étant volatilisée et évaporée, les dermestes commencèrent à se développer de nouveau. Il voulut du moins, garantir de la contagion, les livres qu'il faisait relier. Il avait vu que parmi beaucoup de cartons abîmés, un seul était resté intact, parce que dans la colle de farine dont il s'était servi pour le faire, il avait mêlé trois onces de térébenthine. Il ordonna donc que les reliures fussent faites avec du carton travaillé avec du mortier, ou bien formé dans la pâte des papeteries, et collé non pas avec de la farine pure, mais avec le mélange que nous venons d'indiquer.

Pour les manuscrits il eut de plus la précaution de faire mettre une feuille d'étain entre les cartons et la couverture, dans la persuasion que, comme il n'y a pas de fourmi blanche dans son pays, aucun insecte de la campagne n'aurait la force de ronger ce métal.

Ces précautions eurent le plus heureux succès. *

Ce n'est pas seulement en Europe que les vers font le plus de ravages dans les bibliothèques, M. Ansse de Villoison nous apprend, à la suite de son ouvrage, ** que ces insectes sont un des

* La Bibliotheca ; lettera di Giovanni Fabbroni, uno dei XL della societa italiana delle scienze, a Pompilio Pozzetti, delle scuole pie, socio e segretario della medesima. *Modena, s. d.*

** Anecdota græca E Regia Parisiensi, et e Veneta

plus grands fléaux du Levant, et plus dangereux que dans nos contrées. Toutes les bibliothèques des Jésuites à Salonique, Scio, Santorin, Naxos et même à Constantinople, tombent en poussière. Les manuscrits, même en parchemin, subissent le même sort, quoique plus tard.

Ce n'est certes pas, dans les bibliothèques qui sont souvent ouvertes et dont les livres sont maniés fréquemment, que les insectes peuvent faire des dégâts; mais, il est bon de prendre quelques précautions pour sa bibliothèque, lorsque, par exemple, on doit s'absenter pour un temps plus ou moins long.

Nodier nous apprend dans ses « Mélanges de littérature et de critique » qu'il a eu le bonheur de conserver ses insectes et ses livres *dans des meubles très-altérés*; « je l'ai attribué, dit-il, du moins au soin que j'ai eu d'y renouveler souvent, quand je l'ai pu, le *Trichius* * Ermita, qui, sans être fort commun, se rencontre en

S. Marci Bibliothecis deprompta edidit J. B. d'A. de V.

* Les entomologistes ont donné à un beau *Trichius*, qui répand l'arôme du cuir de Russie à un degré très-exalté, le nom d'*Ermita*, parce qu'ils ont cru remarquer que les autres espèces et même celles qui vivent le plus fréquemment dans les troncs du saule et du poirier, n'en approchent plus dès qu'il s'y trouve.

divers lieux d'Europe, et notamment aux environs de Paris.

Boulard conseille les odeurs fortes et surtout celle du cuir de Russie ; non-seulement cette dernière garantit les livres reliés avec ce cuir, mais encore suffit souvent à préserver ceux qui les environnent.

Une autre reliure donnant peu ou point d'accès aux vers, est celle usitée dans les anciennes bibliothèques d'Espagne, de Portugal et d'Italie ; elle ne consiste qu'en une couverture de parchemin (sans carton), recourbé sur la tranche, qui plutôt n'est qu'une brochure battue, cousue sur nerfs et couverte de parchemin. L'expérience de quatre siècles a prouvé, que sans le voisinage des reliures en bois ou en velours, aucun des livres reliés n'eût été atteint de vers [1].

D'Alembert, dans ses « Observations sur les insectes qui rongent les livres », donne aussi plusieurs moyens qu'il a employés pour se débarrasser de ces incommodes visiteurs.

« J'ai vu tant de personnes, dit-il, accuser les teignes de manger les livres, que je crois devoir, à ce sujet, publier ce que j'ai appris par mes

[1] Les anciennes reliures en bois, même quand elles sont couvertes de peau, sont les berceaux des vers ; il faut donc les reléguer, sans exception, dans l'endroit le plus écarté d'une bibliothèque.

observations et mes expériences. Ces insectes ne sont en aucune façon coupables des ravages qu'essuient nos bibliothèques; mais on doit s'en prendre à un tout petit escarbot qui dans le mois d'août fait ses œufs dans les livres et principalement du côté de la reliure; il en sort une mite qui ressemble à celle qui s'engendre dans le fromage : c'est elle qui ronge les livres et non l'escarbot; cependant il semble qu'elle ne mange le papier que parce qu'elle y est forcée; car, lorsque le temps de sa transformation s'approche elle cherche à se donner de l'air, surtout lorsqu'elle est bien avant dans le livre; alors elle ronge à droite et à gauche jusqu'à ce qu'elle ait atteint l'extrémité du livre, et qu'elle en soit sortie.

« L'escarbot, qui se forme de cette mite, ne peut point mordre comme elle, et n'est pas capable de percer un livre de part en part. Toutes les mites de bois travaillent de la même manière, avant de se transformer en escarbot. Je connais aussi une seule espèce de chenille, qui mange le bois de la saule (*sic*), et le perce d'une écorce à l'autre avant de se transformer en papillon.

« J'ai fait plusieurs essais pour ôter à cette espèce de mite le goût fatal qu'elles ont pour nos livres, et surtout pour les herbiers, dont elles mangent aussi les plantes, ce qu'aucun autre insecte ne fait ordinairement. On doit en attribuer la cause aux cartons et à la colle dont les relieurs se servent pour coller le papier et le parchemin ou le cuir des reliures; ils font cette colle avec de la farine noire ou autre, que la mite aime beaucoup et qui attire pareillement l'escarbot; jai essayé de mêler dans cette colle des choses amères, comme l'absinthe, de la coloquinte, etc., mais sans aucun succès. Le seul remède que j'ai trouvé a été dans l'emploi des sels minéraux, qui résistent à tous les insectes; le sel appelé *arcanum duplicatum*, l'alun, le vitriol sont propres à cet effet; mais les sels végétaux comme la potasse, le sel de tartre, etc., ne le sont point. Ces derniers se dissolvent aisément dans un air humide, et font des taches dans les livres. Lorsqu'on mêlera un peu de ces premiers sels dans la colle, les vers ne toucheront jamais aux livres, qui seront préservés des attaques de toutes sortes d'insectes. »

Prediger * a confirmé d'avance ce que d'Alemlembert donne plus haut comme une chose qu'il a éprouvée. Il prétend que les vers ne toucheraient pas aisément aux livres si les relieurs, pour faire leur colle, se servaient d'amidon au lieu de farine; il dit encore que pour préserver les livres contre les insectes, il faut mettre entre le livre et la couverture, de l'alun pulvérisé,

* Voyez : Instructions pour les relieurs, par Prédiger (en allemand). Leipzick, 1741.

mêlé d'un peu de poivre fin, et qu'il convient même d'en répandre un peu sur les tablettes de la bibliothèque. Il ajoute que pour garantir une bibliothèque des vers, il faut frotter les livres fortement dans les mois de mars, juillet et septembre avec un morceau d'étoffe saupoudré d'alun pulvérisé.

M. Ed. Fournier, dans son ouvrage « l'Art de la reliure en France aux derniers siècles » nous apprend ceci : « Par une lettre du 31 mai 1823, que nous avons vu autographe, dit-il, M. Mérimée père, alors directeur de l'école des beaux-arts, conseillait à M. Duchêne aîné, de proposer à la Bibliothèque du Roi l'usage des cuirs odorants, si favorable à la conservation des livres, et que nous devrions adopter, ne fût-ce que pour imiter les Anglais, si engoués de ces sortes de reliures. On ne fit rien, ou presque rien de ce conseil. — Lesné, p. 125, est d'avis que le meilleur préservatif serait d'employer, au lieu de colle de pâte, la colle forte, comme font les Anglais. »

Un autre moyen, mais impraticable, à notre avis, est celui qu'indique Peignot. « Les livres attaqués par les vers, dit-il, doivent être battus, mis à l'air et exposés à une fumigation de soufre. La vapeur de ce minéral les tue lorsqu'ils sont insectes parfaits, mais ne produit aucun effet sur leurs œufs; ainsi il faut attendre le temps où ils éclosent ordinairement, c'est-à-dire vers le mois de mars. On peut aussi fumiger en été. »

On voit que presque tous les auteurs qui ont écrit sur les « insectes qui rongent les livres » s'accordent à dire que la colle dont on se sert est la première cause de tous les dégats commis par ces dangereux bibliophobes.

L'expérience nous ayant aussi convaincu qu'il faut éloigner des livres toute chose propre à engender des vers, et comme il est bien rare que toute personne qui s'occupe de livres n'ait pas besoin de colle pour quelques réparations à faire soit aux reliures, soit aux livres, nous allons indiquer un moyen de préserver la colle de la moisissure, des insectes et des vers.

L'alun employé par les relieurs n'est pas un préservatif absolu, quoiqu'il contribue beaucoup à la préservation et la conservation des peaux. La résine en usage parmi les cordonniers est préférable et agit entièrement dans le même sens ; mais l'huile de térébenthine a beaucoup plus de puissance encore ; la lavande et autres substances aromatiques d'une odeur forte, comme le poivre, l'anis, la bergamote, réussissent parfaitement, même en très-mince quantité ; elles conservent la colle pendant un temps illimité. La meilleure colle est faite de fleur de farine ordinaire ; on y ajoute de la cassonnade grise et une portion de sublimé corrosif. Le sucre lui donne du liant, et empêche la formation des écailles sur les surfaces polies. Le sublimé la défend des insectes et de la fermentation. Ce sel ne prévient pas la moisissure ; mais, comme deux goutes d'huile suffisent pour l'empêcher, toutes les causes de destruction sont ainsi enlevées. Cette colle, exposée à l'air, durcit sans se décomposer, et devient semblable à la corne ; il faut la mouiller quelque temps avant d'en faire usage. Gardée dans un vase hermétiquement fermé, elle peut servir en tout temps sans autre préparation.

Nous terminerons en donnant un dernier conseil aux bibliophiles et aux amateurs qui veulent bien nous lire.

Répandre quelques gouttes d'huile de bouleau * sur les tablettes de leur bibliothèque et ne jamais se servir de lainage pour l'entretien de la propreté nécessaire aux livres.

* Cette huile ou goudron tiré de l'écorce intérieure du bouleau noir donne aux cuirs de Russie leur odeur et leur qualité.

DES ABRÉVIATIONS

USITÉES DANS LES CATALOGUES

POUR INDIQUER LES CONDITIONS

La bibliographie, comme chaque art et chaque science a sa langue particulière * semblable à l'algèbre, elle a composé la sienne des signes les plus simples, tels que crochets, parenthèses, abréviations, etc. En les employant, on est dispensé de détails qui paraîtraient fastidieux dans le langage ordinaire; et leur présence dans l'énoncé d'un titre supplée tantôt à une omission, tantot à un défaut de développement.

Pour abréger l'analyse des titres, pour économiser le temps et la place on se sert ordi-

* A. A. Barbiér. Avertissement du catalogue des livres de la bibliothèque du conseil d'Etat. Paris, AN XI, in-fol.

nairement dans les catalogues ou annonces de livres, de diverses abréviations, pour désigner le format, les qualités et la condition d'un ouvrage, la manière dont il est relié, sur quel papier il est imprimé, etc. Comme ces abréviations ne sont pas connues de tout le monde, qu'un assez grand nombre de personnes se trouveront embarrassées pour les expliquer, et qu'il est important de les connaître, nous avons pensé qu'il serait agréable aux amateurs d'en avoir l'explication.

Nous allons les indiquer ici :

Tableau des abréviations bibliographiques

868 . . . pour 1868
805-840. . — 1805 à 1840
s. l. n. d. . — sans lieu ni date
T. *ou* tom. — tome
V. *ou* vol . — volume
A. . . . . — anno ou année
app . . . — appendice
Amst . . — Amsterdam
Aug.-Vind. — Augustæ-Vindelicorum
Harn. . . — Harniæ
Lips. . . — Lipsiæ
Lugd . . — Lugduni
Lugd.-B . — Lugduni-Batavorum
form. . . — format
f.ob. *ou* form. obl. format oblong

f. atl. . . .	— format atlantique
f° ou in-fol.	— in-folio
4° ou in-4°	— in-quarto
8° ou in-8°	— in-octavo
12 ou in-12	— in-douze
in-24 . .	— in-vingt-quatre
in-32 . .	— in-trente-deux
in-64 . .	— in-soixante quatre
supp. . .	— supplément
éd . . .	— édition
goth. . .	— gothique
g.p. ou gr.pap.	— grand papier
p. méd . .	— papier médium ou moyen
p. p . . .	— petit papier
p. v . . .	— papier vergé
p. vél . .	— papier vélin
p. de H. .	— papier de Hollande
gr. marg .	— grandes marges
l. r	— lavé réglé
pp.	— pages
ff.	— feuillets
br.	— broché
broch . .	— brochure
cart . . .	— cartonné
cart. Brad.	— cartonnage Bradel
d.-rel. ou dem.-rel.	demi-reliure
anc. rel. .	— ancienne reliure
m. ant . .	— maroquin antique
m. b. . .	— maroquin bleu
m. cit . .	— maroquin citron

m. n. . . .	—	maroquin noir
m. r. . . .	—	maroquin rouge
m. v. . . .	—	maroquin vert
m. viol . .	—	maroquin violet
m. d. L. .	—	maroquin du Levant
m. d. d. m.	—	maroquin doublé de maroquin
m. d. d. t.	—	maroquin doublé de tabis
p. d. t. d. R.	—	peau de Truie de Russie
c. d. R . .	—	cuir de Russie
v. b	—	veau brun
v. éc. . .	—	veau écaille
v. f	—	veau fauve
v. fil. . .	—	veau filets
v. jas . .	—	veau jaspé
v. m. . . .	—	veau marbré
v. p	—	veau porphyre
v. r	—	veau racine
vél	—	vélin
vél d'H. . .	—	vélin d'Hollande
parch . . .	—	parchemin
b. *ou* bas .	—	basane
ch. m . . .	—	charta magna
f. d	—	filets dorés
f. d. s. l. p.	—	filets d'or sur les plats.
f. comp. .	—	filets à compartiments
dent. . . .	—	dentelle
dent. int .	—	dentelle intérieure
p. f. *ou* pet. f.	—	petits fers
à fr	—	à froid
d. s. t . . .	—	doré sur tranche

tr. dor . .	—	tranche dorée
tr. cis. . .	—	tranche ciselée
tr. r . . .	—	tranche rouge
tr. m. . .	—	tranche marbrée
tr. p . . .	—	tranche peigne
n. rog . .	—	non rogné
c. et ferm .	—	coins et fermoir
front. gr .	—	frontispice gravé
tit. r. et n.	—	titre rouge et noir
c. f	—	*cum figuris*, avec figures
fig. s. b. .	—	figures sur bois
fig. col . .	—	figures coloriées
pl. enl . .	—	planches enluminées
portr . .	—	portrait
vign . . .	—	vignettes
q.q. mouill.	—	quelques mouillures
mouill.et piq.	—	mouillures et piqûres
MSS. . .	—	manuscrit
ms. . . .	—	manuscrits
autog . .	—	autographe
sig . . .	—	signé *ou* signature

Quelques exemples :

855-867. 12 vol. 4° d. rel. et c. m. r. t. d. n. r.

1855 à 1867. 12 volumes in-quarto, demi-reliure et coins maroquin rouge, tête dorée, non rogné.

563. 8°, anc. rel., m. r. d. d. m. n., dent. int., f. comp. s. l. p , tr. dor. (Bel Exempl.)

1563. 1 volume in-octavo, ancienne reliure, maroquin rouge doublé de maroquin noir, filets à compartiments sur les plats, dentelle intérieure, tranche dorée. (Bel exemplaire.)

835. 4 vol. in-12, dem.-rel., m. b., tr. p. (Q.q. mouill.)

1835. 4 volumes in-douze, demi-reliure, maroquin bleu, tranche peigne. (Quelques mouillures.)

DE LA

COLLATION DES LIVRES

Règle générale, un amateur ne doit jamais acheter un livre sans le collationner ; à moins cependant, que ce livre ne provienne de chez un libraire qui l'ait collationné et en ait fait part à l'acheteur lors de la vente de cet ouvrage.

Par la collation on s'assure que l'ouvrage est complet et qu'il n'a, ni tache, ni piqûre de vers ni déchirures, enfin qu'il n'y existe pas quelques imperfections qui peuvent en diminuer la valeur et autoriser à le rendre au vendeur. Il y a lieu d'examiner aussi s'il n'y a pas de feuilles déplacées, si toutes les gravures s'y trouvent, si les cartes et grandes feuilles sont collées avec onglet et pliées de manière que l'on puisse les développer avec facilité, sans risquer de les déchirer.

La collation, avant la reliure comme après,

est en outre une chose nécessaire à connaître ; car, elle donne la certitude qu'un ouvrage est complet et sans défaut.

Cette opération demande beaucoup d'application et une connaissance particulière des livres, surtout lorsqu'il s'agit des impressions des premiers temps de la typographie qui présentent de grandes difficultés ; et, qui par leur ancienneté et leur rareté exigent un examen plus scrupuleux.

Parmi les différentes manières de collationner un livre, la plus usitée est celle qui se fait par le moyen des chiffres placés en haut des pages*. Mais pour éviter une méprise on doit consulter la réclame **.

*Selon La Serna Santander, les chiffres de pagination ne datent que de 1471, puisqu'ils se voient pour la première fois dans le *Liber de remediis utriusque fortunæ* (non pas celui de Pétrarque, mais celui d'Adrien le Chartreux), *Coloniæ, Arn. Therhoernen*, 1471 *die octavâ Februarii*, in-4. Depuis cette assertion cet ouvrage n'a plus l'autorité pour les chiffres depuis qu'on en a trouvé un autre du même imprimeur publié à Cologne en 1470 et intitulé : *Sermo prædicabilis in festo præsentationis beatissimæ Mariæ. Per impressionem multiplicatus, sub hoc currente anno M° CCCC°LXX°*, petit in-4° composé de 12 feuillets et de 27 lignes à la page.

** L'une et l'autre de ces deux méthodes ne sont pas toujours suffisantes pour s'assurer si un ouvrage qui a paru complet, l'est réellement. Dans un ouvrage de plusieurs tomes, dans l'in-quarto, par

Pour ce genre de collationnement, on le fait plus commodément en mettant le livre à plat, sur une table ; et, on se sert de la pointe d'une aiguille, d'un canif ou d'un poinçon. On tient la pointe de la main droite et le livre sous la gauche ; et, piquant légèrement le bout d'en bas d'une feuille, on lève chaque fois les feuillets de chaque cahier qui portent des signatures, commençant toujours par la lettre A ou le chiffre 1. Quand on ne voit plus de signature on tourne ses feuillets, on renverse le cahier à gauche, mettant toujours la bonne lettre contre la table et la dernière page de la feuille à découvert. On fait la même opération sur la feuille suivante qui est signaturée B ou 2 : et on continue ainsi jusqu'à la dernière feuille.

Si on veut faire le collationnement au moyen des chiffres qui se trouvent en haut des pages, on opère de même.

Cette façon de collationner un livre, au

exemple, la signature A ou 1 finit à la page 8, celle B ou 2 commence à la page 9, et ainsi de suite jusqu'à la fin; or, la même signature porte aussi les mêmes chiffres de pagination dans les tomes suivants : et si, par hasard, un relieur a mis un cahier d'un tome dans un autre, et que ce soit la même lettre paraissant devoir occuper cette place, alors il devient difficile de collationner. Pour obvier à cet inconvénient, les imprimeurs modernes ajoutent, vis à vis la signature de la feuille, le numéro du tome, si l'ouvrage est divisé en plusieurs tomes.

moyen d'une pointe quelconque, est très-expéditive ; et, avec un peu d'habitude on peut arriver au collationnement d'un ouvrage de plusieurs feuilles, en quelques instants.

S'il est facile de collationner un livre qui possède tout ce qui peut en faciliter la collation, combien de difficultés ne rencontre-t-on pas dans celui qui date des premiers temps de l'imprimerie, puisqu'il est sans chiffre, signature et réclame *. Cette difficulté est quelquefois telle, qu'il n'est pas possible de s'assurer qu'un exemplaire est complet qu'en le conférant avec un autre auquel on s'est assuré que rien ne manque **.

* On peut avoir recours, pour la collation de ces livres, au registre qui se trouve à la fin d'un grand nombre d'ouvrages du XVe siècle. Le *registre* (registrum chartarum) consistait à rappeler dans une petite table, les premiers mots des feuillets et ce registre servait au relieur pour l'assemblage des feuilles. Malheureusement peu d'ouvrages pour lesquels avaient été imprimés ces registres les possèdent. Le feuillet sur lequel il était imprimé se trouvait à la fin du livre ; et, une fois que le relieur s'en était servi, il était le plus souvent exposé à être déchiré. On vit le registre pour la première fois, dans le Cæsar de 1469.

** Cette ressource, lorsqu'il est encore possible de se la procurer, est infiniment précieuse ; et, il est bon de consulter en pareil cas les ouvrages de Maittaire, Panzer, La Serna, Hain, etc., sur les ouvrages des XVe et XVIe siècles.

Les ouvrages qui doivent être ornés de figures demandent d'autres connaissances et un autre genre de lumières et d'attention, parce que ces figures sont susceptibles de diverses modifications soit quant au nombre, soit quant à la qualité. Quant au nombre, parce qu'il serait possible qu'on en eût soustrait quelques-unes qui n'auraient paru qu'après l'ouvrage fait et livré ; quant à la qualité, parce qu'elle consiste dans la beauté des épreuves qui sont avant la lettre, sur chine ou sur autre papier, ou du moins en premières épreuves, avec les remarques qui servent à les faire connaitre *.

Il est donc nécessaire de connaitre le nombre de figures qui enrichissent un ouvrage, ainsi que l'endroit où elles doivent être placées ; il faut les compter et surtout prendre garde qu'il s'en trouve quelqu'une répétée à la place de celle qui doit s'y trouver, ce qui arrive quelquefois **.

* Voyez l'ouvrage de J. Sieurin : Manuel de l'amateur d'illustrations, gravures et portraits pour l'ornement des livres français et étrangers, in-8°.

** Par exemple : *L'Orlando furioso adornato di fig. di rame da Gir. Porro, de l'Arioste, Venetia*, 1584, où la figure du 34° chant manque presque toujours ; mais, pour masquer ce défaut, on a mis à sa place celle d'un autre chant. Dans d'autres ouvrages, il y a des figures qui doivent être doubles, ou, du moins, porter les remarques qui indiquent que ce sont des premières épreuves.

Ces figures peuvent encore être tirées en couleur, ou bien même coloriées ; comme dans la plupart des ouvrages sur l'histoire naturelle : dans tous ces cas il est nécessaire d'apporter beaucoup d'attention, afin de découvrir les supercheries qu'on aurait pu mettre en œuvre. Il faut examiner aussi si les figures sont d'une égale beauté et n'ont point été mélangées, ce qui ne pourrait former qu'un exemplaire médiocre.

Il y a des ouvrages composés de différentes pièces, de manière que chaque traité semble former un ouvrage seul et indépendant, parce que le chiffre du haut des pages et les signatures recommençent à chacun des traités ; ces ouvrages sont très-difficiles à collationner, à moins qu'on n'ait des renseignements positifs sur l'ordre d'assemblage par rapport aux temps où ils ont été composés ou aux matières dont ils traitent ; ou, ce qui vaut mieux un exemplaire complet du même livre *.

* Parmi ces ouvrages on peut citer : *Historiæ sive synopsis methodicæ conchyliorum, quorum omnium pictura ad vivum delineata exhibetur, libri IV, cum appendicibus auct. (Martinus) Lister. Londini*, 1685-93, pet. in-fol. — *Harmonie universelle, contenant la théorie et la pratique de la musique où il est traité de la nature des sons et des mouvemens, des consonnances, des dissonnances, des genres, des modes, de la composition, de la voix, des chants, et de*

Il n'est pas très-aisé non plus de collationner les ouvrages de certains auteurs, qui ont composé un grand nombre de pièces peu volumineuses sur diverses matières, lesquelles ont été imprimées à des époques éloignées l'une de l'autre *.

Une autre espèce d'ouvrages bien plus pénible à collationner est celle dans laquelle doivent se trouver des cartons **.

Il existe enfin d'autres ouvrages dont la collation présente de grandes difficultés, ce sont ceux, qui, étant terminés et n'ayant rien pour indiquer qu'ils doivent avoir une suite ; passent

toutes sortes d'instruments harmoniques, par Marin Mersenne. Paris, Sébastien Cramoisy, ou Richard Charlemagne ou Pierre Baltard, 1636-37, 2 tomes in-fol., fig., etc.

* Tels sont ceux de *Catharinot*, de *Bernard* de *Bluet d'Arberes*, qui prenait le titre de : Comte de Permission ; et, de quelques autres originaux *ejusdem farinæ*, dont les productions sont difficiles à trouver complètes.

** Les cartons sont des feuillets qu'on veut substituer à la place de quelques autres, soit en vue de remédier à quelques erreurs typographiques, trop considérables pour pouvoir être renvoyées à l'*errata* qui se met à la fin de l'ouvrage, soit pour obéir aux exigences de la censure ou pour d'autres considérations analogues. D'autres cartons, au contraire, servent dans quelques ouvrages pour l'impression de passages libres, et qui ne se vendent que sous le manteau.

néanmoins pour imparfaits lorsqu'on n'y a pas joint un traité, une dissertation ou quelques autres pièces données après coup et qu'on a l'habitude d'y joindre. Tels sont par exemple, le : *Lib. V. qui est de serpentium natura ; adjecta est ad calcem scorpionis insecti historia*, qui est la suite de l'ouvrage de *Conr. Gesnerus: Historia animalium. Tigurini, Froschover*, 1551-87, in-fol. — La *Dissertation historique sur quelques monnoyes de Charlemagne, de Louis le Débonnaire, etc., frappées dans Rome. Paris, J.-B. Coignard*, 1689, in-4, fig., qui doit être jointe au *Traité historique des monnoyes de France, avec leurs figures, depuis le commencement de la monarchie jusqu'à présent, par Fr. Le Blanc. Paris, J. Boudot*, 1690, in-4, fig., etc., etc.

ESSAI SUR LES

MOYENS DE DÉTACHER

de

LAVER ET D'ENCOLER LES LIVRES

et sur la

Réparation des piqûres de vers, des déchirures et des cassures dans le papier.

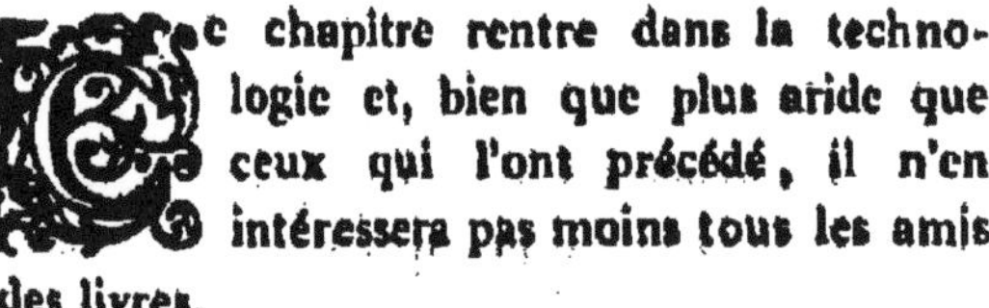

Ce chapitre rentre dans la technologie et, bien que plus aride que ceux qui l'ont précédé, il n'en intéressera pas moins tous les amis des livres.

On peut diviser les taches qui salissent les livres en deux catégories :

Les taches grasses produites par l'attouchement des doigts, le suif, l'huile, la graisse, l'encre d'impression, etc.

Les taches maigres produites par l'eau, la poussière, l'humidité, l'encre, etc.

Ces deux catégories peuvent être encore subdivisées en quatre classes :

Taches grasses	Taches de suif, de stéarine, de graisse. Taches produites par l'attouchement des doigts, l'huile, l'encre d'imprimerie.
Taches maigres	Taches de rouille, de boue, de cire à cacheter. Tache d'encre usuelle, d'humidité, de poussière.

TACHES GRASSES

Taches de suif, de stéarine, de graisse.

Pour enlever les taches de suif, de stéarine, de graisse, on opère comme nous l'indiquons ci-dessous :

Faire chauffer, au moyen d'un fer à repasser, la partie de la feuille qui est tachée, et appliquer du papier brouillard sur cette partie, à diverses reprises, jusqu'à ce qu'il et tant qu'il s'imprègne de graisse. Ensuite, on passera légèrement (sur les deux côtés de la feuille), et, bien entendu, toujours aux endroits tachés, un pinceau trempé dans l'essence de térébenthine (que l'on a eu soin de choisir bien blanche et bien fraîche), chauffée au bain-marie jusqu'à l'ébullition. Pour rendre la blancheur au papier, laquelle a été altérée par cette opération, on applique partout où il y avait tache, un linge doux imbibé d'esprit-de-vin rectifié, et, comme l'essence, chauffé un bain-marie.

Taches produites par l'attouchement des doigts

Les taches produites par l'attouchement des doigts, par l'huile, par l'encre d'imprimerie, offrent plus de difficultés pour les faire disparaître.

Plusieurs auteurs ont indiqué différents procédés dont nous nous sommes servi et avec lesquels nous avons complètement réussi. Mais, nous ne devons pas laisser ignorer que, dans les premiers temps, nous n'avons pas obtenu de résultats satisfaisants et que ce n'est qu'à force de pratique et de patience que les procédés suivants nous ont entièrement réussi.

Voici ce que dit Achard au sujet de *taches produites par l'attouchement des doigts.*

« On peut recouvrir la feuille tachée, aux endroits crasseux, d'une couche de savon blanc en gelée, et on la laisse dans cet état pendant quelques heures. Il est rare que, en la frottant ensuite avec un blaireau très-doux ou avec une éponge trempée dans l'eau chaude, toute la crasse ne soit pas entraînée, surtout quand le papier est lisse et sans écorchure.

Si le savon en gelée ne suffit pas, on le remplace par du savon noir ; mais, on le laissera peu de temps sur le noir d'impression. On peut enfin recourir au chlorure de chaux (appliqué en bouillie), ou aux solutions alcalines affaiblies. En tout cas, après ces tentatives (qui amènent toujours un grand résultat) on trempera l'estampe (ou le feuillet) dans l'eau acidulée, puis on la laissera quelques heures dans un bain d'eau pure.

Taches d'huile.

Pour les taches d'huile, outre le procédé de Achard, cité ci-dessus, et qui peut leur être également appliquée, on procède de la manière suivante :

Savon	une livre.
Argile	neuf onces.
Chaux vive	deux onces.

Mêler le tout avec de l'eau, de façon à former une bouillie, ni trop liquide, ni trop épaisse, et l'appliquer sur la tache, un quart d'heure après, tremper la feuille dans un bain d'eau chaude, l'y laisser une demi-heure, la retirer et la faire sécher.

Taches d'encre d'imprimerie.

Quant aux taches produites par le maculage — ou par l'encre d'imprimerie,— nous avouons que, jusqu'ici, nous n'avons eu connaissance d'un auteur qui ait indiqué un procédé pour les enlever, et que malgré nos expériences réitérées, il nous a été impossible de trouver une manière d'opérer sans abîmer le livre. Malgré cela, nous ne nous décourageons pas et nous espérons, tôt ou tard, arriver à la solution du problème que nous nous sommes posé — à savoir : enlever les taches produites par l'encre d'impression et surtout ces horribles cachets de cabinets de lecture qui déshonorent la plupart deslivres de l'école romantique.

Taches maigres

Taches de rouille.

Par taches de rouille, nous entendons parler des taches produites par le jaunissement du papier fabriqué à la mécanique. On peut appeler ces taches, taches de rouille, puisqu'elles sont dues, non à une altération de la matière organique, mais à du peroxyde de fer. Ces taches persistent en présence des liqueurs alcalines, tandis que les liqueurs acides les dissolvent rapidement Nous ne nous occuperons pas de la formation des taches rondes qui se trouvent au milieu des taches jaunes ; ce phénomène de de cristallisation rentre trop dans le domaine de la science que nous ne voulons qu'effleurer ici.

L'emploi de l'eau de javelle étendue de deux fois son volume d'eau fait disparaître ces taches.

Cette opération, si simple qu'elle paraisse être, présente assez de difficultés dans son exécution, pour que nous croyions devoir en parler plus longuement.

Tout d'abord, on doit se procurer une presse et une bassine dont nous allons donner les descriptions.

La presse la plus commune — en bois, — est celle qui remplit mieux le but. La bassine doit avoir de 0,80 à 1 mètre de long ; en tout cas, la largeur de la presse, entre les deux montants, doit être au moins égale à la plus petite largeur de la bassine, — de façon que l'on puisse placer sous presse les feuilles contenues dans cette bassine sans avoir besoin de le déplacer. Cette bassine doit avoir dans un des quatre angles inférieurs une ouverture ou mieux un goulot qui se ferme par un bouchon. Après avoir laissé tremper les feuilles pendant une demi-heure environ dans l'eau de javelle (étendue, comme nous l'avons dit plus haut, de deux fois son volume d'eau), on met la bassine sous la presse, et au moyen de billots, — dans le cas où les feuilles ne forment pas une hauteur assez grande pour que le plateau de la presse puisse les atteindre sans abîmer la bassine, on forme une élévation — entre les feuilles et le plateau de la presse — puis on met sous presse. Par le moyen de l'ouverture pratiquée à la bassine, on écoule le liquide dans un vase quelconque.

Une fois le pressage opéré de façon à ce que les feuilles ne contiennent que le moins de liquide possible, on les met dans une autre bassine remplie d'eau ; et, au bout d'une heure on les remet sous presse comme il est indiqué ci-dessus. Cette seconde opération doit se faire de 2 à 3 fois ; elle est nécessaire pour que le papier conserve le moins possible l'odeur de l'eau de javelle.

Après ces diverses opérations de lavage et au sortir de la presse, les feuilles doivent être étendues, à l'ombre et dans un endroit sec. Ordinairement, le nombre des feuilles à étendre ensemble, c'est-à-dire l'une sur l'autre, dépend de la force du papier ; c'est à l'opérateur de s'en rendre compte. On se sert, pour l'étendage de ces feuilles, de cordes en crin* disposées à une certaine hauteur et sur lesquelles on place les feuilles à califourchon au moyen d'une planche fixée verticalement au bout d'un manche quelconque, assez long pour que l'on puisse placer les feuilles sur les cordes sans aucune difficulté et sans crainte de déchirer le papier.

Une fois les feuilles séchées et si l'on veut faire un bel exemplaire du livre que l'on lave,

* Quelques personnes emploient les cordes faites avec de la filasse de chanvre. Ces cordes ont l'inconvénient de se pourrir très-vite et, ce qui est pire, de tacher les feuilles que l'on y place.

on doit lui faire subir une autre opération au moyen de l'encollage. Nous indiquons plus loin quelques procédés d'encollage à chaud et à froid.

Taches de Boue.

Les taches de boue cèdent à une gelée de savon étalée également sur les endroits tachés. Une demi-heure après on trempe la feuille dans l'eau pure, et au moyen d'un blaireau bien doux on détache le savon, qui, en partant, entraîne la boue avec lui.

Taches de cire à cacheter.

Les taches de cire à cacheter cèdent au moyen de l'emploi des mêmes procédés indiqués plus haut pour les taches de suif, de stéarine et de graisse.

Taches d'encre usuelle.

Un grand nombre de procédés sont connus pour l'enlèvement des taches d'encre. Nous n'indiquerons que les deux qui nous ont paru offrir le moins de difficultés dans l'exécution.

Le premier consiste dans l'emploi de l'eau de javelle et de l'oxalate de potasse, dont on se sert simultanément jusqu'à parfaite réussite, et après avoir préalablement mouillé la feuille sur laquelle on opère.

Le second demande plus d'attention, il consiste dans l'emploi du sel d'oseille et de l'acide chlorhydrique. On laisse tremper le feuillet taché dans une dissolution concentrée de sel d'oseille; jusqu'à ce que la tache ait pris la couleur de la rouille; ensuite, on le trempe dans l'acide chlorhydrique étendu de 5 ou 6 fois son volume d'eau. Le feuillet ne doit pas rester longtemps dans cette seconde immersion, sans cela le papier pourrait se déchirer par suite de l'amolissement qu'il aurait subi. On termine l'exécution de ce second procédé en lavant le feuillet dans l'eau pure et en le faisant sécher lentement et à l'ombre.

On peut encore enlever les taches d'encre au moyen de l'acide muriatique oxygéné, mais, ce procédé offre plus de difficultés que ceux indiqués ci-dessus, et nous n'en parlons que pour mémoire.

En Allemagne, on vend une poudre pour enlever les taches d'encre. Cette poudre consiste en parties égales d'oxalate de potasse, d'acide oxalique et d'alun glacé. Son emploi est simple : on la place sur la tache que l'on a mouillée au préalable, et quelques minutes après on trempe le feuillet dans l'eau pure. Il est vrai de dire que ce procédé n'est pas infaillible et que quelquefois la tache n'est pas complètement enlevée; il suffit de recommencer la même opération jusqu'à parfaite réussite.

Taches d'humidité.

Un bain dans l'eau bouillante suffit quelquefois pour enlever les taches d'humidité; mais, si elles résistent, il faut employer l'acide chlorhydrique étendu de 18 fois son volume d'eau, ou bien encore le procédé indiqué pour les taches de rouille et que nous avons décrit plus haut. Dans ces deux derniers cas, si le papier taché a été encollé (si toutefois il l'est) en pâte, à la résine, son encolle résistera ; mais, s'il a été encollé à la gélatine, il perdra cette encolle animale et on devra recourir à l'encollage pour lui rendre la force qu'il aura perdu par l'action de l'acide chlorhydrique ou de l'eau de javelle.

Taches de poussière.

Les taches de poussière et autres taches sans importance s'enlèvent quelquefois au moyen d'un coup de gomme. On peut recourir aussi à l'emploi de la terre bolaire blanche (argile obtenue en poudre fine au moyen de la dilatation). On procède comme suit : Mettre sur les endroits tachés, une couche de terre bolaire de l'épaisseur d'un centime, placer dessus une feuille de papier et mettre sous presse. Au bout de vingt-quatre heures, et si l'opération n'a pas réussi, on remet une seconde fois sous presse. Ce procédé réussit aussi pour enlever les petites taches de graisse, d'huile ou de suif; dans ce cas on procède de même en ayant soin de mettre de la terre sur les deux côtés de la tache.

LAVAGE ET ENCOLLAGE DES LIVRES.

Lavage.

Nous avons parlé du lavage des livres à l'article ci-dessus (taches de rouille). C'est le seul procédé à employer. Il y a bien le lavage fait au moyen d'une lessive faite de cendres de bois de chêne; mais, outre la difficulté du procédé, il faut une grande habitude pour son emploi, sous peine de faire couler l'encre d'impression et de gâter entièrement un livre, qui, bien que mouillé et taché, a toujours quelque valeur, puisqu'au moyen de procédés simples et pratiques on peut en faire un bel exemplaire.

Encollage.

L'encollage peut se faire de deux manières, à froid ou à chaud.

L'encollage à froid est d'une grande utilité pour les petits travaux, pour les feuilles séparées : par exemple, le faux titre d'un livre, imprimé sur papier sans colle et sur lequel on veut inscrire une dédicace.

Pour faire cette encolle on prend 10 grammes de gélatine blanche que l'on verse dans un demi-litre d'eau chaude. Une fois refroidie, cette encolle peut servir chaque fois que l'on en a besoin.

L'encollage à froid peut encore se faire de la manière suivante :

On met chauffer, dans un vase quelconque, un litre d'eau potable. Aussitôt que l'eau est bouillante, on y met 40 gr. de gomme laque en poudre ; dès que ce mélange renfle on remue avec une spatelle en bois et on y ajoute 8 gr. de borax, qui doivent suffire pour faire complètement fondre la gomme laque et la transformer en colle. Il faut observer que plus on mélange le borax, plus la colle est épaisse. Une fois refroidie, passée au tamis, pour éviter les grumeaux, cette colle peut se conserver indéfiniment sans éprouver la moindre altération.

Pour l'encollage à chaud, on prend :

6 gr.	pour un litre d'eau,	Alun cristallisé.
8 gr.	id.	Colle de poisson.
1 g.	id.	Savon blanc.

On fait bouillir le tout (au bain-marie) pendant une heure, on passe au tamis, on verse cette colle dans une bassine en tout semblable à celle décrite plus haut, et on y place les feuilles, les unes après les autres, ayant soin que toutes s'imprègnent bien. On met sous presse. L'étendage des feuilles encollées doit se faire immédiatement après les avoir retirées de dessous la presse. Il faut le faire avec grand soin et le disposer comme il est dit pour les feuilles lavées à l'eau de javelle.

RÉPARATION DES PIQURES DE VERS, DES DÉCHIRURES ET DES CASSURES DANS LE PAPIER.

Piqûres de vers.

Quelques personnes patientes recollent fort adroitement du papier et font disparaître par ce moyen les piqûres de vers. Ce procédé peut être employé utilement sur la marge des livres; mais, il est impraticable si les piqûres de vers ont endommagé l'impression, à moins que l'on n'ait recours à un imprimeur adroit pour refaire les lettres cachées par le raccommodage. Un autre procédé consiste à se procurer du papier en tout semblable à celui sur lequel le livre est imprimé; et, après avoir laissé tremper quelque temps la feuille trouée, on y applique une bouillie faite de colle d'amidon et de ce papier mouillé; on laisse sécher et on martèle la place raccommodée, ayant soin de frapper doucement de crainte de *brûler* le papier.

Il faut comme toujours, avoir de la patience et un peu de pratique pour être sûr de réussir.

Déchirures.

La meilleure manière de réparer les déchires faites à une feuille de papier est de faire tremper cette feuille dans un bain d'eau bouillante ; on la retire quelques minutes après, on la met entre deux feuilles de papier brouillard pour la sécher un peu ; et, se servant de colle d'amidon, que l'on a eu soin de colorer semblable à la feuille déchirée, on rejoint fort adroitement les bavures, on laisse sécher et on met sous presse.

Cassures.

La réparation des cassures faites au papier demande plus de soin et plus d'attention que celle à faire pour les déchirures.

Pour effectuer cette réparation, Gandellini, dans sa « *Notizie storiche degli itagliatoni,* » nous indique le procédé suivant: « On choisit d'abord un morceau de papier semblable à celui de la page que l'on veut réparer, et quant à l'épaisseur, et quant au grain et à la couleur*.

» On coupe de ce papier un morceau de la grandeur et de la forme justes de la partie à raccommoder.

» Ceci, quelque difficile qu'il semble, se fait aisément, en mettant le papier choisi sous la partie endommagée et ayant seulement soin de le placer sur la direction de ses rides et de ses raies.

* Si la couleur n'est pas semblable, on parvient facilement à la rendre telle, en trempant le papier dans une aquelle convenable.

» Après cela on fait, avec un tire-marge ou une plume trempée dans l'eau de gomme, le contour de la partie endommagée, quelque irrégulière qu'elle soit.

» On met de suite le papier choisi, ainsi dessiné ou trempé avec le contour nécessaire, sur une table ; et, en tirant soigneusement dans tous les sens les extrémités du morceau on en sépare tout ce qui se trouve de superflu à l'entour.

» Le morceau reste, de cette manière, non-seulement de la forme et de la grandeur voulues, mais encore entouré de filaments ou de poils, qui aident singulièrement à le coller sur le papier à raccommoder, et à bien joindre les deux parties. »

Nous ajouterons à cet ingénieux et praticable procédé que pour coller les deux morceaux on doit se servir de colle d'amidon, mêlée avec de la colle de poisson, et de chaux de coque d'œuf pulvérisée, ce qui donne au mélange la consistance d'un onguent tendre.

On étend de cette pâte le moins possible sur les deux morceaux, et sur-le-champ on applique l'un sur l'autre.

On met ensuite la partie raccommodée entre deux morceaux de toile fine, et on met sous presse ; on la laisse jusqu'à ce que les deux jointures aient un peu séché ; après quoi on les presse avec un couteau d'ivoire, afin que les deux morceaux se pénètrent mutuellement.

Quand la partie réparée est complètement sèche, on la place entre deux feuillets de papier, sur lesquels on passe, autour des jointures, et en les rasant, une baguette d'ivoire, pour rendre la surface unie et aussi plane que possible.

Si on fait, tout ceci avec l'attention et l'adresse que cette opération demande, on ne reconnaîtra plus la partie endommagée que l'on a soi-même restaurée.

ACHEVÉ D'IMPRIMER
LE 8 NOVEMBRE 1876
PAR
H. SCHOUTHEER, IMPRIMEUR A ARRAS
POUR
ÉDOUARD ROUVEYRE
LIBRAIRE A PARIS.

www.ingramcontent.com/pod-product-compliance
Ingram Content Group UK Ltd.
Pitfield, Milton Keynes, MK11 3LW, UK
UKHW021229230726
13926UKWH00003B/1327